Alexander Klier

Umweltethik:
Wider die ökologische Krise

München, 11.09.07

Für Sabine,

eine von mir sehr
geschätzten und liebens-
werten Kollegin.

Alexander

Alexander Klier

Umweltethik:
Wider die ökologische Krise

Ein kritischer Vergleich der Positionen
von Vittorio Hösle und Hans Jonas

Tectum Verlag

Alexander Klier

Umweltethik: Wider die ökologische Krise.
Ein kritischer Vergleich der Positionen von Vittorio Hösle
und Hans Jonas

ISBN: 978-3-8288-9391-7
Umschlagabbildung: photocase.de © joerg krumm
© Tectum Verlag Marburg, 2007

Besuchen Sie uns im Internet
www.tectum-verlag.de

Bibliografische Informationen der Deutschen Nationalbibliothek
Die Deutsche Nationalbibliothek verzeichnet diese Publikation in der
Deutschen Nationalbibliografie; detaillierte bibliografische Angaben sind
im Internet über http://dnb.ddb.de abrufbar.

Inhaltsverzeichnis

Abkürzungsverzeichnis

Folgende Siglen und Abkürzungen werden in dieser Arbeit verwendet:

Für die Werke von Hans Jonas:

BE	= Dem bösen Ende näher. Gespräche über das Verhältnis des Menschen zur Natur
EV	= Erkenntnis und Verantwortung
GZE	= Prinzip Verantwortung. Zur Grundlegung einer Zukunftsethik
MOS	= Macht oder Ohnmacht der Subjektivität? Das Leib-Seele Problem im Vorfeld des Prinzips Verantwortung
Philosophie	= Philosophie. Rückschau und Vorschau am Ende des Jahrhunderts
PL	= Das Prinzip Leben
PU	= Philosophische Untersuchungen und metaphysische Vermutungen
PV	= Das Prinzip Verantwortung
WF	= Wissenschaft und Forschungsfreiheit: Ist erlaubt, was machbar ist?

Für die Werke von Vittorio Hösle:

DM	= Der Darwinismus als Metaphysik
KG	= Die Krise der Gegenwart und die Verantwortung der Philosophie
MP	= Moral und Politik
OE	= Ontologie und Ethik bei Hans Jonas
PÖK	= Philosophie der ökologischen Krise
POI	= Philosophiegeschichte und objektiver Idealismus
PP	= Praktische Philosophie in der modernen Welt
PW	= Die Philosophie und die Wissenschaften
SS	= Sein und Subjektivität. Zur Metaphysik der ökologischen Krise.
TGE	= Tragweite und Grenzen der evolutionären Erkenntnistheorie
UBE	= Über die Unmöglichkeit einer naturalistischen Begründung der Ethik

[...] und [xyz]	= Auslassungen bzw. Ergänzungen in den Zitaten durch Alexander Klier

Vorwort

Das Verfassen dieser Arbeit ist jetzt gute sieben Jahre her. Als sich damals die zu behandelnde Thematik für mich herausgestellt hatte, war der große "Öko-Boom" vorbei. Es ging in der politischen Debatte primär nur noch um den Erhalt von Arbeitsplätzen und von Standorten. Und zunehmend ging es um die Frage, wie man mit dem Problem der Globalisierung der Wirtschaft umgeht. Dabei war das Thema "ökologische Krise" nicht gerade "en vogue". Wie aktuell es dennoch geblieben ist, zeigt sich in jüngster Zeit wieder, da doch der Klimawandel in aller Munde ist. Angeregt durch den neuesten Bericht des IPCC (International Panel on Climate Change) zum Klimawandel 2007 debattiert man im Rahmen der EU über Klimaschutzziele und erneuerbare Energien. Und selbst in den USA ist der Block der hartnäckigen Verleumder des menschengemachten Treibhauseffektes überschaubar geworden. Allen Debatten gemeinsam ist zunächst das moralische Argument, dass aus wohlverstandenem Eigeninteresse zum Schutz der Erde etwas unternommen werden muss.

Was mich im Rahmen dieser Abhandlung – und bereits weit vorher – beschäftig hat, ist die Frage, ob sich hinter diesen vordergründig "natürwüchsigen" ökologischen Krisensymptomen nicht ein fundamentales strukturelles Problem zeigt, dem ein ebenso grundlegende ethisches Problem gegenübersteht. Meine Überzeugung war und ist, dass sich hinter dem Umgang mit der Natur und Umwelt, wie es sich in modernen Industriestaaten zeigt, ein weitgehend instrumentelles Naturverständnis verbirgt. Dieses von den modernen Naturwissenschaften geprägte Naturkonzept kann Lebewesen und der Ökosphäre insgesamt keinen intrinsischen Wert zusprechen. Ich meine also, dass Natur typischerweise so gesehen wird, dass sie dem Menschen zu Diensten zu sein hat. Inwiefern sich dies durch diese Arbeit an zwei expliziten Gegenkonzepten belegen lässt, bleibt dem Leser zu entscheiden vorenthalten. Insofern mögen sich einige Zahlen geändert haben oder die Modelle modifiziert worden. Das Grundproblem, das diese Arbeit behandelt, bleibt momentan – zumindest in der politischen Debatte – undiskutiert.

Vorwort

Insofern bin ich dem Tectum Verlag sehr dankbar, dass er mir angeboten hat, diese Magisterarbeit nun in Buchform zu veröffentlichen. Vielleicht ergibt sich doch noch eine wissenschaftliche und philosophische Debatte um das Wesen der ökologischen Krise. Und ein adäquates umweltethisches Argumentieren.

München im März 2007

Einleitung

RAPHAEL. *Die Sonne tönt nach alter Weise*
In Brudersphären Wettgesang,
Und ihre vorgeschriebne Reise
Vollendet sie mit Donnergang.
Ihr Anblick gibt den Engeln Stärke,
Wenn keiner sie ergründen mag;
Die unbegreiflich hohen Werke
Sind herrlich wie am ersten Tag.

GABRIEL. *Und schnell und unbegreiflich schnelle*
Dreht sich umher der Erde Pracht;
Es wechselt Paradieseshelle
Mit tiefer, schauervoller Nacht;
Es schäumt das Meer in breiten Flüssen
Am tiefen Grund der Felsen auf,
Und Fels und Meer wird fortgerissen
In ewig schnellem Sphärenlauf.

MICHAEL. *Und Stürme brausen um die Wette,*
Vom Meer aufs Land, vom Land aufs Meer,
Und bilden wütend eine Kette
Der tiefsten Wirkung rings umher.
Da flammt ein blitzendes Verheeren
Dem Pfade vor des Donnerschlags;
Doch deine Boten, Herr, verehren
Das sanfte Wandeln deines Tags.

ZU DREI. Der Anblick gibt den Engeln Stärke,
Da keiner dich ergründen mag,
Und alle deine hohen Werke
Sind herrlich wie am ersten Tag.

MEPHISTOPHELES.
Da du, o Herr, dich einmal wieder nahst
Und fragst, wie alles sich bei uns befinde,
Und du mich sonst gewöhnlich gerne sahst,
So siehst du mich auch unter dem Gesinde.
Verzeih, ich kann nicht hohe Worte machen,
Und wenn mich auch der ganze Kreis verhöhnt;
Mein Pathos brächte dich gewiß zum Lachen,
Hättst du dir nicht das Lachen abgewöhnt.
Von Sonn´ und Welten weiß ich nichts zu sagen,
Ich sehe nur, wie sich die Menschen plagen.
Der kleine Gott der Welt bleibt stets vom gleichen Schlag,
Und ist so wunderlich als wie am ersten Tag.
Ein wenig besser würd er leben,
Hättst du ihm nicht den Schein des Himmelslichts gegeben;
Er nennt´s Vernunft und braucht´s allein,
Nur tierischer als jedes Tier zu sein.

(Goethe, Faust I, 243 - 286)

Diese Zeilen von Goethes Faust gehören zum ältesten Bestand des Werkes und sind in der Phase der Romantik geschrieben worden. An dieser Stelle wird von den Erzengeln das Wunderbare der Schöpfung, die Schönheit der Welt und Anmut der Natur beschrieben. Raphaels Worte sind der Tribut, den Goethe der Lehre der Pythagoräer zollt, deren Faszination er darin sieht, dass die Harmonie in der Natur auch hörbar sein muss und dass die Musik Abbild dieser Harmonie ist. Die Gewalten der Natur werden dabei nicht unterschlagen, Gewalten deren "tiefsten Wirkungen" der Mensch bisweilen völlig hilflos ausgeliefert ist. Zur Schöpfung gehört schließlich auch der Mensch[1], wie Mephisto anmerkt, der Mensch der - im Unterschied zur sonstigen Natur - mit etwas Besonderem ausgestattet ist, dem "Schein des Himmelslichts", der Vernunft. Mephistos Meinung über die Intelligenz des Menschen ist nicht sehr hoch, steht für ihn doch fest, dass der "kleine Gott der Welt" diesen Schein des Himmelslichts allein dazu braucht, sich "tierischer als jedes Tier" zu verhalten.

Tatsächlich ist der menschliche Geist[2], was sein Verhältnis gegenüber der Natur betrifft, zumindest sehr ambivalent. Bereits Aristoteles merkte an, dass der Mensch "ohne Tugend (areté) das ruchloseste und wildeste Lebewesen" (Politik, 1,2 1253a 37) sein kann. Der Unterschied zu Mephistos Meinung ist jedoch zentral - bei Aristoteles ist nicht der Mensch generell, sondern nur der Mensch ohne Tugend das wildeste Lebewesen. Aristoteles weist damit darauf hin, dass nicht nur willkürliche und zerstörerische Eingriffe in natürliche Abläufe den Menschen auszeichnen, sondern auch die Fähigkeit, sein Handeln kritisch zu beurteilen, um es verantworten zu können, also eine Ethik zu entwickeln. Er ist als einziges (uns bekanntes) Lebewesen dazu aufgerufen dies auch zu tun. Beschäftigte mich lange Zeit, dass umweltverträgliches Verhalten meist in Bereichen eingelöst wird, die am wenigsten persönliche Umstellung verlangen und keine allzu große

---

[1] Ich verwende diesen Begriff in der Einleitung und im Fortgang der Arbeit als Bezeichnung für das Gattungswesen homo sapiens sapiens im Sinne von Menschheit, reflektiert jedoch vor allem im Horizont der christlich-abendländischen Zivilisation und, damit verbunden, der modernen Industriegesellschaften.

[2] Die Ineinssetzung mit Verstand und Vernunft soll an dieser Stelle gestattet sein, sich aber ausdrücklich nicht darauf beschränken.

Einleitung

Verhaltenszumutungen und Unbequemlichkeiten verlangen, so ist es heute das spezifisch neuzeitliche Phänomen des Wegfalls eines Sinn gebenden religiösen, kulturellen und metaphysischen Gesamtverständnisses. Wenn die Welt und das kontingente Leben auf ihr die letzte und einzige Gegebenheit ist, so kann - und muss vielleicht - alles aus ihr herausgeholt, alles erlebt, genossen und verbraucht werden, was möglich ist.

Hans Jonas und Vittorio Hösle beschäftig(t)en sich grundlegend mit dem Verhalten des Menschen gegenüber der Natur und formulierten Anforderungen an Philosophie und Politik. Hans Jonas´ Buch "Das Prinzip Verantwortung" wurde dabei zu einem ethischen Standardwerk verantwortlichen Umgangs beim Einsatz moderner Technik. Die Untersuchung der Natur ergab bei beiden Autoren spezifische ethische Konsequenzen, wobei sich Vittorio Hösle in Teilen seines Werkes explizit auf Hans Jonas´ Werk bezieht. Die Unterschiede und Gemeinsamkeiten ihrer Werke zu rekonstruieren, um daraus ethische Ansprüche an ein (ökologisch richtiges) Verhalten heute ableiten zu können, ist das eigentliche Anliegen dieser Arbeit[3]. Folgende Anfragen an die Positionen von Hans Jonas und Vittorio Hösle scheinen mir dabei wichtig zu sein: Welche Ursachen gibt es nach Meinung von Hans Jonas und Vittorio Hösle für die ökologische Krise? Wie verstehen sie dabei Natur? Gibt es ontologische Prämissen in ihrer Konzeption, und wenn ja, welcher Art sind diese? Welche ethischen Implikationen erwachsen aus ihrem Naturverständnis? Wie begründen sie diese Ansprüche? Wie müssten gegebenenfalls bestehende ethische Normen erweitert

---

[3] Erst zum Ende der Arbeit erschien die überarbeitete Habilitationsschrift von Gertrude Hirsch Hadorn, "Umwelt, Natur und Moral. Eine Kritik an Hans Jonas, Vittorio Hösle und Georg Picht" zu diesem Thema. Sie konnte deshalb nur noch summarisch berücksichtigt werden. Die Auseinandersetzung mit ihrem Werk erfolgt überwiegend an den "Bedingungen der Möglichkeit" ihrer Kritik an Jonas und Hösle, da sie in der Analyse und den Bewertungen der beiden Autoren teilweise zu völlig anderen, geradezu konträren Ergebnissen kommt. Insofern spielt also nur am Rande eine Rolle, was sie selbst an den Konzepten der beiden Autoren kritisiert. Ich werde besonders am Anfang (bei der Problemexposition) und zum Schluß der Arbeit hin, meist in Anmerkungen, zu Aussagen von ihr Stellung beziehen. Da sich alle Zitate auf dieselbe Arbeit beziehen, werde ich nur noch die entsprechende Seitenzahl zu den Zitaten angeben.

werden? Gibt es bei ihnen eine Verantwortung für die Natur als etwas an sich Schützenswertes, also unabhängig von menschlichen Belangen wie sozialökologische Vernunftgründe oder langfristige Interessen zukünftiger Generationen?

Teilweise handelt es sich um Fragen der Naturphilosophie, die schon sehr alt sind und bereits Goethe (und viele Menschen vor ihm) beschäftigten und die mich auch an Faust faszinieren. Doch es geht auch um Probleme, die sich der Menschheit in dieser Form zum ersten Mal stellen und die, falls sie nicht gelöst werden können, die Gefahr des Untergangs der Menschen in sich bergen. Deshalb noch einmal zurück zu Goethes Faust, der den tiefen Graben, der sich im alltäglichen Umgang des Menschen mit der Natur oft zeigt, auf seine Art überwinden will. Faust nimmt Zuflucht zu einer magischen Naturvorstellung, zur Auffassung der Romantik, dass man das Ganze der Natur auf eine eigene Weise begreifen müsse. Der Dualismus zwischen Natur und Geist war für ihn nicht endgültig. Einen wirklichen Lösungsansatz für die Probleme der ökologischen Krise kann eine Dichotomie zwischen Geist und Natur auch nicht bieten. Im Gegensatz zu Goethes Faust denke ich allerdings, dass uns bei einer Lösung "das Kramen in Worten" nicht erspart bleiben kann. Diese Magisterarbeit mag hierzu ein kleiner Beitrag sein.

> FAUST. *Habe nun, ach! Philosophie,*
>
> *Juristerei und Medizin,*
>
> *Und leider auch Theologie!*
>
> *Durchaus studiert, mit heißem Bemühn.*
>
> *Da steh ich nun, ich armer Tor!*
>
> *Und bin so klug als wie zuvor;*
>
> *Heiße Magister, heiße Doktor gar,*
>
> *Und ziehe schon an die zehen Jahr*
>
> *Herauf, herab und quer und krumm*
>
> *Meine Schüler an der Nase herum -*
>
> *Und sehe, dass wir nichts wissen können!*
>
> *Das will mir schier das Herz verbrennen.*

Einleitung

Zwar bin ich gescheiter als alle die Laffen,
Doktoren, Magister, Schreiber und Pfaffen;
Mich plagen keine Skrupel noch Zweifel,
Fürchte mich weder vor Hölle noch Teufel -
Dafür ist mir auch alle Freud entrissen,
Bilde mir nicht ein, was Rechts zu wissen,
Bilde mir nicht ein, ich könnte was lehren,
Die Menschen zu bessern und zu bekehren.
Auch hab ich weder Gut noch Geld,
Noch Ehr und Herrlichkeit der Welt;
Es möchte kein Hund so länger leben!
Drum hab ich mich der Magie ergeben,
Ob mir durch Geistes Kraft und Mund
Nicht manch Geheimnis würde kund;
Dass ich nicht mehr, mit sauerm Schweiß,
Zu sagen brauche, was ich nicht weiß;
Dass ich erkenne, was die Welt
Im Innersten zusammenhält,
Schau alle Wirkenskraft und Samen,
Und tu nich mehr in Worten kramen.

(Goethe, Faust I, 354 - 385)

1 Problemexposition: Naturverständnis, Umweltethik und die globale ökologische Krise

Wesentlich wird es bei einer Umweltethik im Zeitalter ökologischer Krisen um die Einbindung menschlicher Zivilisationssysteme - mitsamt ihrer gewaltigen Dynamik - in das sie umgebende ökologische System gehen müssen. Der Mensch ist konstitutiv in das ihn "tragende Netzwerk der Natur" (Korff 1998, 15) einverwoben, insofern er als Organismus und mit seinen kulturell-zivilisatorischen Entwicklungen auf deren Energie- und Stoffkreisläufe angewiesen ist[4]. Das praktische Verhältnis des Menschen zu eben dieser Natur unterliegt, wie jedes menschliche Handeln, moralischen Richtlinien. Viele ethische[5] Maßstäbe zur Beurteilung der ökologischen Krise und zum verantwortbaren Umgang mit der Natur versagen jedoch bisher, da die vorhandenen Ansätze historisch zwischen "anwesenden" (Luhmann 1975, 22) Personen entwickelt wurden. Dennoch können sie für eine zukünftige Diskussion fruchtbar gemacht werden. Voraussetzung hierfür ist jedoch, dass der zugrundeliegende Naturbegriff[6] einer künftigen Umweltethik nicht reduktionistisch, und somit defizient ist.

---

[4] Diese Angewiesenheit wird insbesondere durch die Gesetze der Thermodynamik bestimmt. "It reveals, that the relationship between the economic process and the Entropy Law is only an aspect of a more general fact, namely, that this law is the basis of the *economy* of life at all levels"; "Casual observation suffices now to prove that *our whole economic life feeds on low entropy*, to wit, cloth, lumber, china, copper, etc., all of which are highly ordered structures" (Georgescu-Roegen 1971, 4, 277).

[5] Moral und Ethik werden im weiteren Fortgang *nicht* synonym verwendet. Das moralische Handeln bezüglich der Natur soll die "Gesamtheit der moralischen Werturteile, Ideale, Tugenden und Institutionen" (Ricken ²1989, 14) bezeichnen, während ethische Maßstäbe sich auf die philosophische Disziplin der Begründung der jeweiligen moralischen Einstellungen innerhalb einer (Umwelt-) Ethik beziehen.

[6] Eigentlich geht es *nicht* (nur) um einen Naturbegriff im Sinne einer Definition oder kategorialen Bestimmung. Wie die Aufgabenstellung bereits nahelegt, geht es eigentlich um ein sehr viel breiter zu bestimmendes Verständnis (oder Konzept) von Natur, das in der Tradition typischerweise (aber nicht notwendigerweise) in einer eigenen Disziplin, der Naturphilosophie, behandelt wurde und die explizite, meist aber implizite Leitvorstellung dahinter betrifft. Hirsch Hadorn (379) bezeichnet diese Leitidee

In diesem Kapitel geht es, ausgehend von einer Reflexion über den Zusammenhang der Begriffe Umwelt und Natur (1.1), um die Besonderheit der ökologischen Krise gegenüber "normalen" Umweltproblemen (1.2) sowie um ihre Struktur, um die (ethische) Problemstellung adäquat charakterisieren zu können (1.3). Eine Betrachtung des Verhältnisses von Umweltethik und Naturverständnis (1.4) soll schließlich dazu überleiten, die Konzeptionen von Hans Jonas und Vittorio Hösle in Bezug auf eine Umweltethik in der ökologischen Krise zu betrachten.

1.1 Natur und Umwelt

Evolutiv betrachtet gibt es keine ewige und unveränderliche Natur. Die Natur des Jungpaläolithikums war eine andere als die Natur des Jura oder der Kreidezeit. Natur ist nicht einfach etwas Vorgegebenes und ewig Unveränderliches, weder aus sich selbst, noch als Norm für den Menschen. Der Mensch ist als heterotropher Organismus Teil dieser Natur und konstitutiv in diese eingebunden. Er ist Glied der Nahrungskette (wiewohl auch deren Spitze) und steht damit in Konkurrenz zu anderen Lebewesen. Gegenüber Tieren, die ihre Umwelt im Wesentlichen erleiden, wandelt der Mensch durch sein Eingreifen Natur aktiv in einen Teil seiner eigenen Welt, seine Umwelt um. Zu den offensichtlichen Erfahrungen des Menschen im Umgang mit der Natur gehört also auch, dass Natur für ihn Umwelt ist, dass er sie in seinem Sinne und für seine Zwecke umgestalten kann, also Umwelt

---

als *regulativen* Naturbegriff.
"Ein gegenständlicher Naturbegriff bezieht sich auf den Gegenstand der sinnlichen Anschauung bzw. der Naturwissenschaft, d.h. auf die Gesamtheit der Dinge [...] der Natur. Ein regulativer Naturbegriff bezieht sich auf das zumeist metaphysisch verstandene Wesen der Dinge, was auch als die 'Natur der Dinge' bezeichnet wird". Der Einfachheit halber verwende auch ich im weiteren Verlauf den Terminus Naturbegriff.

herzustellen[7] vermag. "'Unberührte' Natur hat es in diesem Sinne in der Umwelt des Menschen nie gegeben" (Mittelstraß 1994, 4). Es ist dabei immer seine eigene und damit natürliche Natur, die den Menschen aktiv Umwelt gestalten lässt, denn die geistigen Fähigkeiten gehören zu seiner natürlichen Ausstattung. Dass der Mensch nur durch den Gebrauch von Vernunft und Verstand seiner Natur verbunden bleibt, war eine der wesentlichsten Erkenntnisse der Aufklärung mit ihrem Anspruch des Ausgangs des Menschen aus seiner "selbstverschuldeten Unmündigkeit" (Kant 1923, 35). Durch den Verstand kann der Mensch schließlich seine eigene Umwelt transzendieren und die Umwelten anderer Lebewesen erforschen.

Als Produkt des Verstandes "entzauberten" die Naturwissenschaften seit der Neuzeit die Natur (Max Weber, [8]1991, 123), nahmen der Welt ihre mystische Dimension und verwandelten ihre Geheimnisse in (zu lösende) Probleme. Dieses neue Verständnis ermöglichte es dem Menschen, sich in vorher nie gekanntem Maße von der "rohen" Natur zu emanzipieren und seine Abhängigkeit von Naturprozessen in vielen Bereichen drastisch zu reduzieren. Zugleich jedoch wurden mit der Art des naturwissenschaftlichen Denkens nicht nur elementare Fortschritte in vielen Bereichen erzielt. Der dem spezifischen Naturverständnis physikalischer Kausalzusammenhänge folgende praktische Einsatz in Form moderner Technik und in Verbindung mit der modernen Ökonomie etablierte ein Herrschaftsverhältnis des Menschen über die Natur, das wohl wesentlichsten Beitrag zur ökologischen Krise leistet.

"Das neue Naturverhältnis ist kein dialogisches mehr, keines, in dem Natur als Partner oder Anverwandter behandelt wird, sondern es ist primär ein Herrschaftsverhältnis. Die Natur wird *genötigt*, auf unse-

---

[7] Besonders deutlich wurde das seit Beginn der neolithischen Revolution vor ca. 10.000 Jahren, als der Mensch sich nicht mehr auf das natürliche Nahrungsmittelangebot verließ, sondern damit begann, Nahrungsmittel anzubauen und Vieh zu domestizieren. Hier stellte sich der Mensch bereits als der potenziell größte Gestalter der Natur, als derjenige, der sich dadurch, dass er die Umwelt an sich anpassen kann, und sich nicht mehr unbedingt an diese anpassen muß, heraus.

re Fragen zu antworten; hätte Natur sonst noch etwas zu sagen, es würde uns nicht interessieren" (Mutschler 1990, 69).

Die Koevolution von naturwissenschaftlich-technischem Wissen und dessen technisch-ökonomischer Anwendung für den praktischen Lebensvollzug der Menschen veränderte mit der Neuzeit auch das antike und mittelalterliche Ideal eines glücklichen oder gelingenden Lebens[8]. An die Hinwendung zur Ausstattung mit materiellen Gütern als Basis eines gelingenden Lebens wurde in industriellen Massengesellschaften die Hoffnung geknüpft, dass ab einem gewissen Quantum an materiellem Wohlstand - quasi automatisch - ein qualitativer Umschlag in immaterielle Güter und Wertvorstellungen stattfinden würde. Eine ökonomisch geprägte Wertewelt heute kann in diesem Sinn auch als aufklärerischer Versuch gesehen werden, mit außermoralischen Mitteln Wohlstand, Vernunft und Frieden in eine Welt zu bringen, die von Ideologien, Machtansprüchen und Kriegen zutiefst geprägt war (vgl. dazu: Weizsäcker [5]1997, 4). Diese Hoffnungen haben sich jedoch nicht erfüllt. Vielmehr erfolgte eine zunehmende Gleichsetzung von gelingendem Leben mit materiellem (Güter-) Reichtum[9]. Auf der anderen Seite stellt sich nun immer mehr heraus, dass die Grundlage für den materiellen Reichtum und die heutige Form der Ökonomie - eine gut funktionierende industrielle Basis - in einem Ausmaß die Zukunft der Menschheit untergräbt, das nicht mehr vorstellbar ist und einen radikalen Wandel der Lebens- und Konsumgewohnheiten dringend erforderlich macht.

---

[8] Diese Vorstellung bestand in einer Einheit des Lebens, das zwar durchaus angenehm sein sollte, aber auch sittlich gut und auf gesellschaftlichen Nutzen hin bezogen zu sein hatte.

[9] Bei aller Verschiedenheit der beiden Machtblöcke und ihrer Wirtschaftssysteme während des kalten Krieges hatten beide diese (wesentliche) Gemeinsamkeit: den Primat des Güterreichtums und einer technologischen Ökonomie. Erklärtes Ziel der ehemaligen UdSSR war es, die gleichen Konsumgüter allen Menschen zur Verfügung zu stellen, nicht nur einer vermeintlichen Minderheit wie im Kapitalismus. Angestrebt wurde deshalb auch hier maximaler Konsum durch maximalen Einsatz von Technik und Maschinen (bzw. minimalen Einsatz an Faktoren). Die jeweils bessere Bedürfnisbefriedigung durch Konsum war erklärtes Ziel des Wettlaufs - mit verheerenden Folgen für die Umwelt auf beiden Seiten.

1.2   Das Zeitalter ökologischer Krisen

Verglichen mit der materiellen Versorgung bis weit in das 20. Jahrhundert ist der Kampf um das "täglich Brot" in vielen wohlhabenden Industriestaaten heute zu einer marginalen Größe geworden. Infolge der Ausweitung der industriellen Produktion und ökonomischen Werte auf alle Lebensbereiche treten jedoch Folgeprobleme auf, die das alte Problem der Bekämpfung eines evidenten Mangels völlig in den Schatten stellen. Die heutige Zeit ist dadurch geprägt, dass die Risiken der Natur zwar auf ein Minimum reduziert sind, jedoch neue Risiken der Zivilisation entstanden sind, die ein ungleich höheres Zerstörungspotential in sich bergen.

> "In der fortgeschrittenen Moderne geht die gesellschaftliche Produktion von Reichtum systematisch einher mit der gesellschaftlichen Produktion von Risiken. Entsprechend werden Verteilungsprobleme und -konflikte der Mangelgesellschaft überlagert durch die Probleme und Konflikte, die aus der Produktion, Definition und Verteilung wissenschaftlich-technisch produzierter Risiken entstehen" (Beck 1986, 25).

Umweltzerstörung und ökologische Probleme gibt es seit Menschengedenken. Bereits im antiken Griechenland wurden die Wälder für den Schiffbau und die Verhüttung schonungslos abgeholzt, was weite Landschaftsteile erodieren ließ. Auch im mittelalterlichen Europa griffen die Menschen stark in die Umwelt ein. Im Schwarzwald z.B. wurden große Waldflächen gerodet, gleiches geschah mit der ehemals von Wald bedeckten Lüneburger Heide, denn auch diese wurde für Salinen und Kohlegruben gerodet. Die ungeklärten Abwässer der Bürger, oft einfach auf die Straße gekippt, sowie die Abfälle des Handwerks der Städte wie z.B. der Gerber, Metzger und Färber bewirkten für die Bewohner mittelalterlicher Städte einen kaum zu ertragenden Gestank, verunreinigten häufig das Trinkwasser und bildeten den Ausgangspunkt vieler Krankheiten und Epidemien. Auch indigene o- der naturreligiöse Völker schütz(t)en nicht notwendigerweise die sie um- gebende (göttliche) Natur[10]. Einfache Unwissenheit oder Habgier können im Prinzip ebenso vernichtend auf die Umwelt wirken wie technologisches Know-how.

Dennoch waren die bekannten Umweltschäden der Vergangenheit lokal begrenzte, d.h. örtlich wirkende Handlungsfolgen und standen als solche den Menschen damals buchstäblich "vor Augen". Mit der industriellen Re- volution wurden demgegenüber die Umweltprobleme wesentlich gravie- render. Maßgeblich hierfür sind drei Faktoren: Erstens werden sowohl nicht-erneuerbare, als auch erneuerbare Ressourcen übermäßig bean- sprucht, zweitens werden die natürlichen Senken durch Emissionen und Schadstoffe zu sehr belastet und drittens werden für Siedlungen, Industrie- anlagen und materielle Infrastrukturen, also den Lebensraum des Men- schen, immer mehr natürliche Ökosysteme zerstört, was sich in einem dramatischen Artenschwund zeigt (siehe dazu auch 1.2.3). Die Übernut- zung der stofflichen Ressourcen sowie der übermäßige Eintrag entstehen- den Abfalls oder künstlich produzierter Schadstoffe haben in vielen Berei- chen die Kapazitätsgrenzen lokaler und regionaler Ökosysteme[11] über-

---

[10] Der "plötzliche" Untergang der Maya-Zivilisation 900 n. Chr. wird z.B. auch auf die Degradation des Waldes und des Wasserzyklus durch die Landwirtschaft zurückge- führt. Und bereits 2400 v. Chr. trug die Versalzung von Anbauflächen durch Bewässe- rung zum Niedergang der sumerischen Zivilisation in Mesopotamien bei. Vgl. dazu: SEF 1999, 320.

[11] Was unter einem Ökosystem jeweils verstanden wird, ist nicht eindeutig zu bestim- men, da "Ökosysteme arbiträre, raum-zeitlich definierte Systeme [sind], die sowohl zeitlich als auch räumlich heterogen sind, wobei kleinräumige und grossräumig Pro- zesse einander sowie auch die Entwicklung des Ökosystems als Ganzes beeinflussen" (Hirsch Hadorn, 26).
An dieser Stelle soll darauf hingewiesen werden, dass viele in der ökologischen De- batte gebrauchte Begriffe, sobald sie Eingang in die politische Diskussion gefunden haben, nicht mehr nur deskriptiv-analytisch - also im Rahmen eines bestimmten theo- retischen Kontextes - verwendet werden. Als deskriptive Begriffe sind aber z.B. Sys- tem, Gleichgewicht, Stabilität usw. "nicht selbst schon Normen oder normative Krite-

schritten. Dabei wachsen die Umweltbelastungen in vielen Fällen exponentiell weiter an. Die Auswirkungen der industriellen Revolution betreffen nicht mehr nur den Naturhaushalt großer Gebiete, sondern das Ökosystem der ganzen Geosphäre. Neu ist im Zeitalter der ökologischen Krise also nicht nur die Dynamik, sondern auch das Ausmaß und die tiefgreifende, oft nicht direkt wahrnehmbare, vor allem aber globale Wirkung menschlichen Eingreifens in natürliche Prozesse und Abläufe. Inwieweit viele dieser Prozesse reversibel sind ist nicht sicher; in einigen Bereichen ist die Irreversibilität, im Sinne eines Zustandes wie vor der industriellen Revolution, jedoch sehr wahrscheinlich.

Die ökologische Bilanz des industriellen Fortschritts ist ernüchternd. Vom *Zeitalter ökologischer Krisen* zu reden stellt dennoch ein Problem dar. Handelt es sich um mehrere, getrennt zu lokalisierende Krisenfelder? Oder zeigen sich in den einzelnen Gefahrenpotenzialen der Umweltzerstörung wie z.B. der Zerstörung der Ozonschicht durch Fluor(chlor)kohlenwasserstoffe, der weltweiten Klimaveränderung durch Ausstoß von CO_2, der Abholzung des Regenwaldes und der drastischen Verminderung der Artenvielfalt gleiche Grundstrukturen und Ursachen? Im weiteren Fortgang wird von *einer einzigen globalen ökologischen Krise* ausgegangen, die sich in unterschiedlichen Dimensionen und Gefahrenquellen zeigt. Hauptproblem ist, dass zum ersten Mal in der Geschichte des Menschen durch seine Eingriffe in die Natur zumindest die zukünftige eigene Weiterexistenz auf dem Spiel steht. Mit ökologischer Krise wird deshalb vor allem ein Unterschied in der *Bewertung* der anthropogenen Folgen gegenüber einer "bloßen" Umweltproblematik angezeigt[12]. Drei Problemfelder sollen die Dimension der ökologi-

---

rien, sondern für die Normbildung wichtige deskriptive Prämissen" (Honnefelder 1993, 257).

[12] "Mit 'Problem' ist lediglich die negative Bewertung dieser Auswirkungen formuliert, während der Ausdruck 'Krise' mehr behauptet, nämlich ein Ausmaß der Schäden derart, dass die Weiterexistenz der Zivilisation durch die anthropogenen Veränderungen von Ökosystemen gefährdet ist. Auch mit der Wortwahl 'ökologisch' oder 'Umwelt' ist ein Unterschied verbunden, insofern der Ausdruck 'Umwelt' als Umwelt der Zivilisation verstanden wird, so dass damit eine auf die menschliche Zivilisiation

schen Krise zunächst skizzieren, wobei die Auswahl der Problemfelder keineswegs das gesamte Spektrum der ökologischen Krise darstellen kann oder soll. Gleichwohl ist sie nicht völlig willkürlich. Das erste Problemfeld (1.2.1) behandelt die Bedingungen menschlicher Eingriffe in die Natur, spezifischer die (momentanen) Grundlagen *industrieller Produktion*[13]. Im zweiten Problemfeld (1.2.2) geht es um die Übertragung der Vorstellungen industrieller Produktion auf die Landwirtschaft, während im Problemfeld drei (1.2.3) einige Folgen dieser Entwicklung betrachtet werden sollen.

1.2.1 Energie- und Materialintensität der industriellen Produktion

In der Geschichte menschlicher Energienutzung gab es vor allem zwei Sprünge, die neolithische Revolution[14] und den Übergang zur modernen Industriegesellschaft. Die Entlastung des menschlichen Körpers aufgrund der Nutzung von (technischer) Energie war und ist nicht nur Grundlage gesellschaftlicher Utopien, sondern Bedingung komplexer menschlicher Gemeinschaften. Die weitgehende Lösung des Menschen aus seinen natürlichen Fesseln und Beschränkungen mittels der Umwandlung von Energie

---

orientierte Sichtweise zum Ausdruck kommt, was mit dem Wort 'ökologisch' nicht der Fall ist" (Hirsch Hadorn, 17, Fußnote 1).

[13] Dass die Gestaltung menschlichen Lebens fundamentalen naturwissenschaftlichen Gesetzen unterliegt, ist keine besonders originelle Neuheit. Dass diese jedoch für den *industriellen Produktionsprozess* auch fundamentale Grenzen bedeuten, ist weniger häufig bewusst. "It is the natural consequence of the fact that thermodynamics developed from an economic problem". Georgescu-Roegen (1971, 277) hat als einer der wenigen Ökonomen auf dieses Problem aufmerksam gemacht, indem er die Ergebnisse der Thermodynamik, die für ihn aus den Problemen ökonomischer Anwendungen entstanden ist, auf den *allgemeinen Produktionsprozess* anwendet. "Every subsequent development in thermodynamics has added new proof of the bond between the economic process and thermodynamic principles" (276); "The conclusion is that, from the purely physical viewpoint, the economic process is entropic: it neither creates nor consumes matter or energy, but only transforms low into high entropy" (281).

[14] Vgl. dazu: SEF 1995, 310. Als unstrittig gilt die Tatsache, dass ein wichtiges Motiv hierfür die höhere Ausbeute an Kalorien pro Boden und Zeiteinheit war.

durch Technik konnte der Mensch tatsächlich jedoch erst seit der Industrialisierung in großem Maßstab und für alle Menschen verwirklichen. Wie kaum ein anderes Symbol galt und gilt deshalb Energie als Inbegriff des Fortschritts. Die gesamte moderne Industriegesellschaft ist ohne die Möglichkeit physikalischer Energieumwandlung[15], insbesondere in die Form der Elektrizität, undenkbar. Die Ersetzung[16] und Ausweitung der Möglichkeiten menschlicher Arbeitskraft durch Maschinen beruhen genauso auf dem Einsatz nutzbarer Energie wie die Substitution bestimmter geistiger Tätigkeiten aufgrund moderner Kommunikations- und Informationstechnologien[17]. Fortschritt und Entwicklung der Industriegesellschaften sind elementar an die Energienutzung gekoppelt. Entsprechend wuchs der Energieverbrauch der industrialisierten Staaten stetig mit dem Wirtschaftswachstum an, denn Energie schien lange Zeit grenzenlos zur Verfügung zu stehen. Erst der Hinweis des Berichts an den "Club of Rome" auf die begrenzten fossilen Energieträger führte zu einem (gesellschaftlichen) Um-

---

[15] Nach dem ersten Hauptsatz der Thermodynamik (Energieerhaltungssatz) kann der Mensch Energie weder erzeugen, noch vernichten. Er kann nur (Temperaturdifferenzen dazu verwenden) Energieformen ineinander um(zu)- wandeln, um dann bestimmte dieser Formen technisch nutzbar machen zu können, genauer kann er immer nur "freie Energie" (Exergie) in "gebundene Energie" (Anergie) überführen.

[16] Dies ist vollumfänglich einerseits zu verstehen als konkrete Arbeitserleichterung, d.h. Übertragung inhumaner und schwerer Tätigkeiten auf Maschinen, andererseits aber auch, bedingt durch Mechanisierung und Rationalisierung, tatsächliches Ersetzen menschlicher Arbeitskraft durch maschinelle Produktion.

[17] An dieser Stelle sei der Hinweis gestattet, dass sich der enorme Verbrauch hier vor allem auf die Produktion, weniger den Betrieb und die Nutzung moderner Datenverarbeitungssysteme, bezieht. Gewinnung und Herstellung der hochreinen Siliziumwafer, als Grundlage der Mikroprozessoren, sowie der sonstigen oft hochreinen Werkstoffe beanspruchen einen Großteil der Energie, die ein normaler PC im Laufe seiner Anwendung insgesamt verbraucht (allein um einen normalen PC mit Monitor zu produzieren werden ca. 30.000 Megajoule Energie verbraucht. Vgl. hierzu: "Umweltverschmutzung durch Computer-Produktion", Informationen für Studierende der Umweltnaturwissenschaften an der Eidgenössischen Technischen Hochschule Zürich und Malley 1996, 48f.

denken[18], allerdings zunächst erst in der Hinwendung zur Atomenergie als neuer "unerschöpflicher" Energiequelle. Energieeinsparmaßnahmen als Alternative zu ständig steigendem Energieverbrauch kamen erst sehr spät zu Bewusstsein. Im Zuge der Nutzung von Energieeinsparpotenzialen gelang zwar eine leichte Entkoppelung des Produktionswachstums und Energieverbrauchs, dennoch wird sich

"der weltweite Energieverbrauch langfristig vervielfachen. Er wird, bleiben die Rahmenbedingungen unverändert, von derzeit knapp 400 Exajoule bis zum Jahre 2100 auf 1500 bis 1700 Exajoule jährlich hochschnellen. Den höchsten Verbrauch pro Kopf werden sich weiterhin die Industrieländer leisten (und leisten können). Die Entwicklungsländer, deren Bevölkerung sich bis 2100 mindestens verdoppeln wird, melden jedoch erheblichen Nachholbedarf an" (SEF 1995, 309)[19].

Während die traditionelle Produktionsstruktur seit der neolithischen Revolution im wesentlichen die eingestrahlte Sonnenenergie als energetische Grundlage hatte[20], beruht die industrielle Produktion auf einem enormen Mehrverbrauch an fossilen Energieträgern[21], einem Verbrauch, der in histo-

---

[18] "So wie vor der Erschließung der Kohle einst die schwindenden Holzvorräte in den Wäldern das frühindustrielle Wachstum begrenzt hatten, schien die Begrenztheit von Kohle, Öl und Gas dem neuen Wachstum Grenzen zu setzen" (Weizsäcker [5]1997, 69).

[19] 1 Exajoule = 10^{18} oder eine Trillion Joule. 1995 wurden weltweit rund 3220 Millionen Tonnen Öl (Mt(onne) (of) o(il) e(quivalent)), 1880 Mtoe Gas und 2210 Mtoe Kohle verbraucht.

[20] Dies bezieht sich auf die pflanzliche Energie in Form von Nahrung oder Feuer und die verwendete tierische und menschliche Energie, die wiederum auf pflanzlicher Basis beruht, da allein Pflanzen als autotrophe Organismen Sonnenenergie *direkt* in Kohlehydrate, also von Tieren und Menschen verwertbare Energie umwandeln können.

[21] Auch die fossilen Energieträger sind im Prinzip gespeicherte Sonnenenergie. Durch die Verbrennung wird allerdings die über Jahrmillionen durch Photosynthese in abgestorbenen Pflanzen gebundene Energie in einem (zu) kurzen Zeitraum freigesetzt - parallel mit der Vernichtung natürlicher Senken, die das entstehende CO_2 wieder aufnehmen könnten.

rischen Zeiträumen nicht mehr erneuerbar ist. "Gegenwärtig werden pro Jahr mehr fossile Energieträger verbraucht, als in einem Zeitraum von einer Million Jahren gespeichert worden sind" (SEF 1995, 310). Das "fossile Intermezzo" (SEF 1995, 310), damit ist gemeint, dass beim derzeitigen Niveau des Energieverbrauchs nur wenige Menschen zu einem sehr eingegrenzten Zeitpunkt der Geschichte (mit einem Höhepunkt um das 21. Jhdt.) die Möglichkeit gehabt haben werden, z.b. Erdöl zu nutzen, zeigt das Ausmaß der ökologischen Krise. Dabei ist der limitierende Faktor der fossilen Energienutzung nicht nur die begrenzten Vorräte[22], sondern immer mehr der Schadstoffeintrag in Luft, Boden und Wasser durch die Emissionen, vor allem des Treibhausgases CO_2, das seit Mitte dieses Jahrhunderts die anthropogen emittierten Treibhausgase dominiert[23]. 1997 wurden 6,3 Milliarden Tonnen Kohlenstoff als CO_2 durch Verbrennung in die Atmosphäre abgegeben. Gegenüber 1950 bedeutet das eine Vervierfachung. Wichtigster Verursacher des Treibhauseffekts[24] ist mit etwa 50 % der Energieverbrauch (inklusive Verkehr), wobei 1990 mehr als zwei Drittel (70 %) der CO_2-Emissionen von den Industrie- und Transformationsländern verursacht wurden[25] (SEF 1995 u. 1997).

---

[22] Auf der Basis des Produktionsniveaus von 1995 stehen noch Kohlevorräte für die nächsten 228 Jahre, Ölreserven für rund 40 Jahre und Gas für etwa 65 Jahre zur Verfügung. SEF 1997, 303.

[23] Vgl. dazu: SEF 1997, 256. Die durch die Verbrennung fossiler Energieträger freigesetzte CO_2 Menge betrug zwischen 1750 und 1990 insgesamt 217 Milliarden Tonnen Kohlenstoff und damit ca. 57% der gesamten anthropogenen CO_2-Emission seit 1750. Zudem ist in den vergangenen 40 Jahren ein exponentieller Anstieg zu verzeichnen.

[24] Menschliche Aktivitäten verstärken in vier Bereichen den natürlichen Treibhauseffekt, der zum Leben auf der Erde unabdingbar ist: im Bereich der Energieerzeugung, darunter der Verkehr, im Bereich der chemischen Industrie, vor allem durch künstlich erzeugte Fluor(Chlor)kohlenstoffverbindungen (FCKW), durch die Landwirtschaft und die Brandrodung von Wäldern.

[25] Die Industrieländer sind gegenwärtig für 45 % der Emissionen verantwortlich. Die fortschreitende Industrialisierung, Verstädterung und das Bevölkerungswachstum bedingen aber auch in den Entwicklungsländern ein rasantes Wachstum an CO_2-Emissionen. Während sie 1950 nur 24 % aller CO_2-Emissionen verursachten, lag ihr Anteil 1997 bei 40 %. 2010 werden sie bereits 45 % der Emissionen verursachen, bei einem weltweit weiterhin ansteigenden Ausstoß von CO_2. Vgl. dazu: SEF 1999, 311.

"80 % der anthropogenen CO_2-Emissionen werden bei der Energie-erzeugung freigesetzt. Der weltweite Energieverbrauch hat sich in diesem Jahrhundert verzehnfacht. 75 % der weltweiten Energienach-frage wurden 1997 durch fossile Energieträger gedeckt" (SEF 1999, 311).

Ohne Beschränkungsmechanismen werden sich die anthropogenen CO_2-Emissionen innerhalb der nächsten Jahrzehnte weiter vervielfachen. Die dadurch verursachte langfristige Veränderung der globalen Durch-schnittstemperatur[26] mit daraus resultierenden Klimaänderungen wird tiefgreifende Folgen[27] auf Mensch und Biosphäre haben. Entscheidend für das Ausmaß ist dabei die Geschwindigkeit der Klimaänderung - und damit die Geschwindigkeit des (unwiderruflichen) Verbrauchs fossiler Energie-träger. Neben dem Energieeinsatz ruht die momentane Form industrieller Produktion auf einem weiteren Fundament: einem immensen Material-verbrauch[28] und Stoffumsatz[29]. Bemerkenswert an den wenigen bisher zur

---

[26] In den nächsten 100 Jahren ist, bei gleichbleibendem Anstieg der Kohlendioxidemissi-onen, mit einer Erhöhung der globalen Durchschnittstemperatur um 1 - 3,5 °C und ei-nem Anstieg des Meeresspiegels um 46 Zentimeter zu rechnen. Vgl. dazu: SEF 1997, 253.

[27] Bis zu einem Drittel der gegenwärtigen Wälder ist durch einen Klimawechsel bedroht. Wasserknappheit, Überschwemmungen und eine regional starke Zunahme von Un-wetterkatastrophen werden die Folge sein. In anderen Regionen wirken sich die höhe-ren Temperaturen dagegen positiv aus.
"Seit den 60er Jahren hat sich die Vegetationsperiode in den höheren Breiten der Nordhalbkugel [...] um 7 Tage im Frühling und 2 bis 4 Tage im Herbst verlängert. Gemeinsam mit einem höheren CO_2-Gehalt der Atmosphäre wird hierdurch das Pflanzenwachstum in den betroffenen Regionen um bis zu 10 % gesteigert" (SEF 1999, 314).

[28] Auch für (nichterneuerbare) Rohstoffe im geschlossenen System Erde gelten die Ge-setze der Thermodynamik, d.h. ihre Menge bleibt gleich, während sie durch mensch-liche Nutzung Stufe um Stufe an Qualität und Verfügbarkeit verlieren. Vgl. dazu be-sonders: Georgescu-Roegen (1971), Kap. 10, "Entropy, Value and Development". "Yet one thing is certain: the total quantity of matter and energy has not been altered. That

Verfügung stehenden Materialdurchflussbilanzen erscheint zum einen, dass nur ein geringer Teil der der Natur entnommenen Rohmaterialien überhaupt wirtschaftlich genutzt wird[30] und zum anderen, dass sechsmal soviel nicht erneuerbare (abiotische) Rohstoffe entnommen werden wie erneuerbare oder nachwachsende (biotische) (Vgl. dazu: BUND & Misereor [4]1997, 96f). Dabei beschränkt sich im industriellen Zeitalter der Stoffaustausch keinesfalls auf das Gebiet eines Landes allein, sondern, infolge zunehmender Globalisierung und internationaler Handelsströme, durch Export und Import von Rohstoffen, Gütern und Dienstleistungen auch auf Materialflüsse in das und aus dem Ausland.

Die Zusammenfassung einer Reihe verwandter Einzelbedürfnisse zu Bedarfsfeldern offenbart einige wichtige Aspekte[31] für den Konsum: Im Be-

---

is the dictate of the Law of Thermodynamics [...] The conclusion can only be that the change undergone by matter and energy must be a *qualitative* change" (5).

[29] Der Bereich der Stoffstromanalysen und Materialflussbilanzen ist noch jung und in der Entwicklung, weshalb vorläufig noch wenig internationale Zahlen verfügbar sind. Auch bei der Zuordnung von Indikatoren der Umweltzerstörung auf einzelne Konsumfelder wird wissenschaftliches Neuland betreten, denn selten ging es um eine Gesamtschau des Nachfrageverhaltens und die Lebenszyklen von Produkten. Ein gutes Beispiel ist jedoch der Versuch der Erfassung für die BRD in der Studie "Zukunftsfähiges Deutschland", hrsg. von BUND & Misereor, an der ich mich im Weiteren orientiere.

[30] Insgesamt wurden z.B. 1991 in der BRD 5.503 Mio. t. Rohstoffe (inkl. Material-Input in Form von Luft, Energieträgern und Importen, diese jedoch ohne die Materialbewegungen im Ausland) der Natur entnommen, 69 Mio. t. wurden wiederverwertet. Innerhalb der Volkswirtschaft verblieben davon nur ca. 820 Mio. Tonnen (in Form von materiellen Bestandteilen wie Häuser, Fabriken, Infrastruktur usw.), 211 Mio. t. Material wurden exportiert und 374 Mio. t. wurden als Stoffe wieder ausgebracht. 2.533 Tonnen jedoch verblieben als nicht verwertete Rohstoffentnahme (z.B. Abraum) unmittelbar in der Natur, 233 Mio. t. Aushub entstanden und 129 Mio. t. gingen infolge von Erosion verloren. Es entstanden zudem 131 Mio. t. Abfall und 1.048 Mio. t. Luftemissionen. Vgl. dazu: BUND & Misereor [4]1997, 96, Abb. 3.3.

[31] Die wichtigste Festlegung im Bereich der Studie war dabei die, Mobilität nicht als eigenständiges Bedarfsfeld, sondern als abgeleitete Nachfrage zu verstehen, die aus der Befriedigung anderer Bedürfnisse resultiert. Private Einkaufsmobilität wird also z.B dem Bedarfsfeld Ernährung, Wohnen oder Bekleidung zugeordnet.

reich des Konsums werden die größten Stoffströme für die Bedarfsfelder Wohnen, Ernährung und Freizeit in Bewegung gesetzt. Die weitaus größte Materialentnahme ist mit dem Bedarfsfeld Wohnen verbunden, aber auch die Freizeitgestaltung ist an einen ressourcenaufwendigen Konsum gekoppelt. Immer mehr werden immaterielle Bedürfnisse durch material- und energieintensive Produkte und Aktivitäten befriedigt, wie z.b. durch Reisen, Hifi- oder Video-Anlagen, Sportgeräte und ähnlichem. Das Beispiel eines für die Dienstleistungs-, Informations- und Freizeitgesellschaft unerlässlichen und inzwischen alltäglichen Produktes, des PC, mag dieses Problem weiter verdeutlichen:

> "[Es] ergibt sich ein lebenszyklusweiter Materialverbrauch [inkl. energetischer Rohstoffe] zwischen 15 und 19 Tonnen je nach Nutzungsart (private bzw. gewerbliche Nutzung) für die Herstellung eines einzigen PC von rund 22 Kilogramm Gewicht. Zusätzlich werden allein für die Produktion der Computerteile etwa 33.000 Liter Wasser und unbekannte Mengen Luft verbraucht" (Malley 1996, 84).

Ein Fünftel der entnommenen Materialien (inkl. Energieträger) wird direkt oder indirekt zum Zwecke der Ernährung bewegt. Dabei stammt nur ein Viertel aus dem privaten Energieverbrauch zur Lebensmittelzubereitung und Einkaufsfahrt, während mehr als drei Viertel durch die Bereitstellung der Lebensmittel bis zum Verkauf bewegt werden. Den Problemen industrieller Produktion entspricht in der (industriellen) Landwirtschaft, dass allein für die Erzeugung und Verarbeitung der Lebensmittel die Hälfte der für die Nahrung insgesamt bewegten Materialien umgesetzt wird (und immerhin ca. 16 % des Primärenergieverbrauchs in der BRD). Nur ein Viertel entfällt demzufolge auf Transport, Verpackung und Infrastruktur. Dabei differiert dies zwischen den einzelnen Lebensmitteln erheblich[32].

---

[32] Den größten "ökologischen Rucksack", also Folgebelastungen oder Umweltzerstörung im Vorgriff der Produktion, die nicht im Produkt enthalten sind, beinhalten Fleisch und Fleischerzeugnisse. 17 Kilogramm Material wird hier pro Kilogramm Produkt benötigt. Bei Getreide und Getreideerzeugnissen sind es lediglich 3,7 kg pro kg Produkt, bei Obst und Gemüse nur 1,4. Insgesamt macht die Erzeugung und Aufberei-

1.2.2 Landwirtschaft in der industrialisierten Welt

Wirtschaftlich spielt die Landwirtschaft in industrialisierten Staaten keine große Rolle mehr. Mit 1,1 Prozent Anteil an der Bruttowertschöpfung nähert sie sich in der BRD einer marginalen wirtschaftlichen Größe. Doch diese 1,1 Prozent werden auf immerhin 50 Prozent der Gesamtfläche erwirtschaftet (Schneider 1995, 3) und bilden die Grundlage aller menschlichen Produktivität. Ackerbau und Viehzucht zur Nahrungsmittelproduktion haben seit der neolithischen Revolution das Bild der Welt am nachhaltigsten verändert und sind zugleich ein Beispiel für permanente Eingriffe des Menschen in die Ökosysteme der Natur, die nicht notwendigerweise Schaden hinterlassen müssen, denn über mehrere tausend Jahre vermehrten sich die Tier- und Pflanzenarten durch landwirtschaftliche Eingriffe[33] des Menschen. Hunger, in vielen Teilen der Welt Jahrtausende lang bekannt, wurde zum einen durch ständig verbesserte Anbaumethoden besiegt. Die Entwicklung von Kunstdünger und Mechanisierung während der industriellen Revolution sowie die sogenannte "grüne Revolution"[34], d.h. die Effizienzsteigerung in der Landwirtschaft durch Techniken wie den Einsatz von Hochertragssorten, Bewässerung und Schädlingsbekämpfung, führte zu einem beachtlichen Produktivitätsfortschritt bei der Nahrungsmittelgewinnung. Im Zusammenhang mit der Mechanisierung wurden die Bauern zugleich von schwerster körperlicher Arbeit entlastet. Der Erfolg ist enorm, denn vor 100 Jahren brauchte ein Bauer noch 300 Stunden, um ein Hektar

---

tung von Fleisch und Fleischerzeugnissen etwa 16 %, die von Milch und Milchprodukten etwa 20 % (insgesamt also über 1/3) des Materialverbrauchs des Bedarfsfelds Ernährung aus (BUND & Misereor ⁴1997, 103).

[33] Die Randzonen der gerodeten Wälder, die künstlichen Wasserteiche und Küchengärten boten - absichtlich und unabsichtlich - vielen neuen Tier- und Pflanzenarten Nischen sowie Freiräume. Auch die Züchtung von Nutztieren trug zur Vermehrung bei. Vgl. dazu: Weizsäcker ⁵1997, 98f.

[34] Dieser Begriff wird seit den 60er Jahren für die Anwendung der nachfolgend aufgeführten Techniken in den Ländern der sogenannten Dritten Welt gebraucht.

Getreide zu ernten, heute ist es dagegen nur noch eine. Konnte Mitte des vorigen Jahrhunderts ein Bauer durchschnittlich einen Bürger zusätzlich ernähren, waren es 1950 bereits zehn und sind es heute über achtzig (vgl. dazu: Schneider 1995, 7). Weltweit werden deshalb inzwischen genügend Nahrungsmittel produziert, um potenziell alle Menschen ausreichend ernähren zu können.

> "Parallel zur Zunahme der Produktion stieg die durchschnittliche Verfügbarkeit von Nahrungsenergie von 2.440 Kilokalorien (kcal) pro Kopf und Tag im Drei-Jahres Zeitraum 1969-1971 auf 2.720 kcal 1990-1992. Es wird erwartet, dass die globale Verfügbarkeit bis zum Jahr 2010 auf knapp 2.900 kcal pro Person und Tag ansteigt" (SEF 1997, 233).

Einen wichtigen Anteil an der Beseitigung von Hunger in den industrialisierten Ländern hatte zum anderen aber auch die schrittweise Lockerung der räumlichen, und damit zeitlichen Beziehung zwischen Nahrung und Wohnort, was das Nahrungsmittelangebot den jahreszeitlich und lokal bedingten Schwankungen und Unwägbarkeiten entzog. Noch vor 100 bis 150 Jahren wurden ungefähr 95 Prozent der Lebensmittel, die ein Bürger zu sich nahm, im Umfeld der dörflichen Gemeinschaft erzeugt (vgl. dazu: Schneider 1995, 8).

> "Mit allen Vor- und Nachteilen. Man konnte sehen und miterleben, wie die Pflanzen und Tiere, von denen man lebt, wachsen und gedeihen. Man war aber auch viel stärker als heute darauf angewiesen, *daß* sie wachsen und gedeihen. Jene sinnliche Nähe, die auch immer die Nähe des Mangels war, ist heute weitgehend einem abstrakten, entsinnlichten und in vielfacher Beziehung distanzierten Bezug gewichen" (Schneider 1995, 8).

Lebensmittel jederzeit und allüberall verfügbar zu haben, war lange Zeit die Vorstellungen des Paradieses und ist ein Erfolg des industriellen Fortschritts in der Landwirtschaft. Doch der paradiesische Überfluss an Nahrung, die mit ihrer beständigen Verfügbarkeit zugleich immer billiger wurde[35], wird, bedingt durch Mechanisierung, Düngung und Pestizideinsatz, mit einem enormen Aufwand an nichterneuerbaren Ressourcen, vor allem Energie[36] erkauft. Futtermittelimporte, für deren Herstellung und Transport erhebliche Energie notwendig ist, sind die Voraussetzung für die moderne Massentierhaltung und deren Lösung von natürlichen Rhythmen und regionalen Bezügen. Unmittelbare Folge der Massentierhaltung ist eine übermäßige Gülleproduktion, die, an sich wertvoller Nähr- und Düngstoff, in diesem Übermaß zu einem Problem wird. So wird den Flächen, die für den Export von Futtermitteln genutzt werden, Nährstoff entzogen, um - im Extremfall - fernab als Überschuss entsorgt oder, wenn die Biomasse thermisch "genutzt" wird, energetisch verwertet zu werden (vgl. dazu: Held 1995, 32). Die Orientierung an betriebswirtschaftlichen Kriterien und industriellen Organisationsformen[37] führte zusätzlich zum extrem kurzfristigen Denken des "return on investment" gegenüber langfristigen und natürlichen Rhythmen[38] und hatte dazu die Spezialisierung und Trennung in rei-

---

[35] Derzeit werden in der BRD ca. 19% des Nettoeinkommens für Nahrungsmittel ausgegeben, vor ca. 30 Jahren war es noch doppelt so viel. Vgl. dazu: Schneider 1995, 7.

[36] Vgl. dazu auch Weizsäcker [5]1997, 101: "Fremdenergie ersetzte zunehmend die tierische und menschliche Energie; die Landwirtschaft wurde vom Energielieferanten zum Energieverbraucher im großen Stil".

[37] Dieser Aspekt ist wichtig, da sich hier der rein zweckrationale Zugriff zeigt, der verantwortlich für die Betrachtung von Tieren als reine Kapital- und Sachausstattung ist - mit all den Folgen der industriellen Massentierhaltung und Fleischproduktion. "Gleichalt, gleichschwer, mit gleichem Geschlecht leben sie - gemeinsam einsam - ihr kurzes Leben lang entweder in Anbindehaltung oder zu engen Boxen und Käfigen. Die Futteraufnahme wird mittels Futterautomaten und computergesteuerter Transponderfütterung zunehmend individualisiert [...] Selbst das Sexualverhalten [...] wird künstlich hormonell synchronisiert und technisch kanalisiert. Ohne "KB" (künstliche Besamung) läuft nichts mehr in unseren Ställen - das gilt im übrigen auch für viele Biohöfe" (Schneider 1995, 11).

[38] An dieser Stelle scheint bemerkenswert, dass der Zuchtfortschritt der letzten 40 Jahre lediglich dazu geführt hat, durch gestiegene Einzelleistung den Verlust der gesunkenen Gesamtnutzungsdauer (eines Tieres) zu kompensieren, d.h. *die Gesamtlebensleistung eines Tieres ist in etwa gleichgeblieben.* Die Züchtung auf kurzfristige Höchstleistung führte im Gegenzug zum Verfall der Nutzungsdauer und Dauerleistung und,

ne Getreide- sowie Fleisch- und Milchbetriebe zur Folge. Die (fast) völlige Überwindung von Natur, genauer von natürlichen Rhythmen und Zeitabläufen, scheint mit der industriellen Landwirtschaft erstmals möglich zu sein - wenn man die Kehrseite der Medaille außer Acht lässt. Diese ist jedoch inzwischen unübersehbar.

Die moderne Landwirtschaft ist inzwischen zu einem der größten Gefahrenherde in der ökologischen Krise geworden. An erster Stelle steht hierbei der Artenverlust durch jene Methode, die die Landwirtschaft so erfolgreich machte: Die Begrenzung auf wenige Hochertragssorten. In den Listen des Bundessortenamtes sind z.B. rund 50 verschiedene Gerstenarten eingetragen. Auf gut zwei Dritteln der mit Gerste bebauten Fläche werden jedoch nur noch vier Sorten verwendet. Ähnliches gilt für Weizen, Hafer und andere Früchte. Vor 50 Jahren wurden in Indien noch über 30.000 verschiedene Reissorten angebaut. Heute bestimmen keine 30 mehr den Markt. Gleiches lässt sich für Tiere konstatieren. Bei den Legehennen der industriellen Massentierhaltung sind europaweit nur noch zwei Zuchtpopulationen von Bedeutung (vgl. dazu: Schneider 1995, 12). Zur biologischen Verarmung hinzu kommt die Belastung von Grund- und Oberflächenwasser durch Düngemittel- und Pestizideinsatz, der enorme Wasserverbrauch[39] (vor allem beim Nassfeldbau), Bodendegradation[40], Bodenerosion und Desertifi-

---

damit verbunden, der durchschnittlichen Lebensdauer von Nutztieren (im Vergleich zu ihren wild lebenden Artgenossen). Ein Masthähnchen hat z.B. im Vergleich zum Wildhuhn, das eine durchschnittliche Lebensdauer von 12 Jahren aufweist, eine Lebensdauer von nur 0,1 Jahren, eine Legehenne etwa 1,6 Jahre. Bei einem Mastkalb sind es 0,3 Jahre im Vergleich zu 5,5 Jahren (Milchkuh) und 30 Jahren (Wildrind). Vgl. dazu den Artikel von Postler 1995.

[39] Weltweit verbraucht die Landwirtschaft mit nahezu 70 % das meiste Wasser (SEF 1999, 303).

[40] Jährlich gehen seit 1990 weltweit fünf bis sechs Millionen Hektar produktive Landfläche verloren. Im Bundesstaat Iowa/USA beträgt die Erosionsrate durchschnittlich 30 Tonnen pro Hektar und Jahr. Da im Durchschnitt nur eine Tonne fruchtbaren Bodens pro Hektar und Jahr neu gebildet wird, übersteigt der Bodenverlust selbst in den Industrieländern die Neubildungsrate um ein Vielfaches. Allerdings haben erhöhte Gaben von Düngemitteln, Pestiziden sowie Bewässerung vielerorts die Folgen der Bodenschäden für die Landwirtschaft bis heute maskiert. Vgl. dazu: SEF 1999, 296f.

kation durch Überweidung, Übernutzung und Entwaldung. "Mehr als drei Viertel aller Bodenschäden werden durch unangepasste Landwirtschaft und Viehhaltung sowie eine Umwandlung von Wäldern in Ackerland verursacht" (SEF 1999, 298). Nicht übersehen werden kann hier der grundsätzliche Zusammenhang zwischen Stadt und Land. Erzeugt werden müssen diese Nahrungsmittel nicht nur für eine ständig weiter wachsende Weltbevölkerung, sondern auch für die Zentren der Welt, die großen Städte und ihre Ballungsräume[41]. In ihnen werden die politischen Entscheidungen getroffen, die Erzeugung, Verbrauch und Entsorgung betreffen, meist orientiert am Interesse an billigen Erzeugerpreisen und Deponiekosten. Zuständig für die Versorgung der Zentren und die Abnahme ihrer entstehenden Abfälle sind jedoch die ländlichen Regionen, die oft andere Interessen haben, diese aber nicht durchsetzen können.

"Die wirtschaftliche Macht, der verteilbare Wohlstand und die kulturellen Erzeugnisse konzentrieren sich allemal in der Stadt [...] Für die Armen ist die Stadt ein wenig überlebensfreundlicher als der ländliche Raum. Für die Begüterten ist sie die Quelle des Reichtums, des Fortschritts und der politischen Macht. Die Ballungsräume sind trotz aller Slums die eigentlichen Gewinner in der Entwicklung [...] Aber was ist das für ein Erfolg, der die Städte reich werden und die einst reich geglaubten weiten Länder verarmen läßt? Es ist weitgehend der Erfolg von erfolgreichen *Parasiten*" (Weizsäcker [5]1997, 190).

1.2.3 Biodiversität und Gentechnik

Die Vielfalt der Biosphäre heute ist das Ergebnis einer über drei Milliarden Jahre währenden Evolution. 1,8 Millionen Pflanzen- und Tierarten sind bis

---

[41] 1950 lebte noch weniger als ein Drittel der Weltbevölkerung in Städten. Der weltweite Anteil der Stadtbevölkerung ist inzwischen allerdings auf 48 % gewachsen, wobei der Verstädterungsprozess in den Entwicklungsländern einen Großteil des Zuwachses ausmacht (SEF 1999, 106).

heute wissenschaftlich beschrieben, ein erheblich größerer Teil ist noch unbekannt[42]. Neben vielfältigen Regelungsfunktionen in der Natur haben sie auch als biologische Ressourcen einen wichtigen Stellenwert. Artenvielfalt stellt nicht zuletzt auch für das ästhetische (Natur-) Empfinden des Menschen einen wichtigen Punkt dar. Das Artensterben selbst ist kein unbekanntes Phänomen. Über 99 % aller jemals vorhandenen Arten sind bereits vor der Zeit des Menschen ausgestorben (Weizsäcker [5]1997, 130). Dennoch gibt es einen entscheidenden Unterschied: Die meisten Arten starben als Folge des Übergangs zu Nachfolgearten aus, nicht durch eine generelle Vernichtung und: Die Geschwindigkeit war erheblich langsamer, denn im Zuge der Evolution gingen pro Jahr schätzungsweise nur ein bis drei Arten verloren, "dagegen sterben heute jährlich mindestens 1.000 Arten aus. Damit liegt die Aussterberate um das Tausendfache über der natürlichen Häufigkeit" (SEF 1999, 304).[43] Zu den zentralen Ursachen des Artenverlustes gehören die Zerstörung, Veränderung oder Fragmentierung von Lebensräumen durch Ausdehnung der land- und forstwirtschaftlichen Nutzflächen, Städte, Infrastruktureinrichtungen sowie Tourismus- und Industrieanlagen[44]. Die anthropogen verursachte Klimaverschiebung sowie die Ausdünnung der Ozonschicht werden in Zukunft ein erhebliches Gefährdungspotenzial für die Biodiversität beinhalten (SEF 1997, 269ff).

Doch nicht nur der Verlust der Arten selbst stellt ein Problem dar. Viel gravierender für die Zukunft könnte sein, dass damit eine erhebliche Reduzie-

---

[42] Grobe Schätzungen beziffern die Gesamtzahl der Arten auf 4 - 112 Millionen. Viele der Arten sind in den tropischen Wäldern, oft nur auf eng begrenzten Arealen, oder in den Böden beheimatet. Insbesondere innerhalb der Gruppe der Insekten und der Mikroorganismen sowie den Bewohnern bestimmter Lebensräume gibt es noch große Lücken in der Bestandsaufnahme. Vgl. dazu: SEF 1997, 267 u. 1999, 304.

[43] 1996 waren 11 % aller Vogel-, 25 % aller Säugetier-, 20 % aller Amphibien- und Reptilien und sogar 34 % aller Fischarten weltweit vom Aussterben bedroht. Insgesamt werden über 31.000 Tier- und Pflanzenarten als bedroht eingestuft und innerhalb der nächsten 50 Jahre werden wahrscheinlich zwischen 10 und 50 % aller Arten aussterben (SEF 1997, 268f u. 1999, 304).

[44] Eine weitere wichtige Ursache ist daneben die beabsichtigte oder unbeabsichtigte Einführung nicht heimischer Arten in örtliche und regionale Ökosysteme.

rung der genetischen und ökosystemaren Vielfalt korreliert ist. Genetische Vielfalt ist die Voraussetzung für eine ständige Anpassung und Neuentwicklung von Organismen und Arten. Je vielfältiger der Genpool einer Art (und der gesamten Geosphäre) ist, desto widerstandsfähiger erweist sich diese z.b. bei Krankheiten oder Umweltveränderungen. Und umgekehrt. Je eingeschränkter dieser Pool ist, desto mehr können alle Individuen einer Art zugleich von Änderungen betroffen sein, wenn sie dadurch z.b. zu wenig genetische Variabilität für eine Neuanpassung (z.b. gegen bestimmte Krankheiten) besitzen. Das zukünftige Problem besteht darin, dass mit dem Schwund der Arten und der genetischen Vielfalt nicht nur potenziell wirtschaftlich nutzbare Produkte wie Nahrungsmittel, Stoffe für Medikamente und erneuerbare Ressourcen verloren gehen, sondern auch die Möglichkeit, die Widerstandsfähigkeit bestehender Kulturpflanzen gegenüber Schädlingen, Krankheiten und veränderten Umweltbedingungen zu verbessern oder auch nur anzupassen.

Das Einkreuzen von Robustheitsfaktoren in Nutzpflanzen und Nutztiere ist nur solange möglich, solange es eine Rückgriffsmöglichkeit auf die Ursprungsarten gibt[45]. Hatte die Landwirtschaft früher durch Züchtung und Kreuzung einen Beitrag zur Erhöhung der genetischen Vielfalt geleistet (und war in diesem Sinne koevolutiv), so trägt die Landwirtschaft heute "zum unwiederbringlichen Verlust von Genmaterial und Ökosystemen bei. Traditionell gezüchtete Tierrassen und Pflanzensorten werden durch genetisch gleichförmige Hochleistungssorten bzw. -rassen verdrängt" (SEF 1997, S. 274, vgl. dazu auch 1.2.2). Vielfach wird nun die Gentechnik als Beispiel dafür angeführt, wie man diesen Problemen begegnen könnte. Doch bei genauerer Betrachtung stellt sich das als Illusion heraus. Gentechnik kann existierende Gene in Organismen übertragen - und dies, im Gegensatz zur

---

[45] Weizsäcker [5]1997, 133f, führt hier das Beispiel des Südlichen Maisbrandes (ustilago maydis), einer verheerenden Maiskrankheit, an. Ganze Ernten wurden in den USA vernichtet bis man in entlegenen Gebieten in Afrika eine alte Maissorte fand, die eine natürliche Resistenz gegen die Seuche enthielt. Nur durch das Einkreuzen dieser ursprünglichen und natürlichen Sorte wurde die Seuche letztlich überwunden.

konventionellen Züchtung, auch artübergreifend[46]. Landwirtschaftliche Zuchtziele können mithilfe der Gentechnik noch schneller erreicht werden, als mit konventioneller Züchtung und eine weitgehende Kontrolle oder gar Manipulation natürlicher Konstanten scheint mit Hilfe der Gentechnik erstmals möglich. Aber auch die Agrar-Gentechnik wird nichts an den Problemen ändern. Gentechnische Eingriffe zielen noch mehr auf die Erzeugung von Eigenschaften ab, die für die Züchter interessant sind, als es die traditionelle Züchtung tat. Ob diese Eingriffe die Überlebensfähigkeit des Organismus unter natürlichen Bedingungen erhöhen oder verringern ist nur dann von Bedeutung, wenn dies die erwünschten Eigenschaften betrifft. "Daher ist zu befürchten, dass sich die oben beklagten Prozesse der Sortenverarmung mit Hilfe der Gentechnik schneller und vollständiger abspielen" (Weizsäcker [7]1997, 136).

1.3   Das Merkmal der ökologischen Krise

Kennzeichnendes Merkmal der ökologischen Krise ist, dass es um den prinzipiellen Umgang des Menschen mit seiner inneren und der äußeren Natur geht[47]. Von der Antike bis zum Mittelalter war Natur als "Ganzes" nur eingeschränkt Gegenstand menschlichen Handelns, vielmehr war sie die Voraussetzung (und Grenze) desselben. Entscheidend an dieser Auffassung war, dass Natur, trotz der Betrachtung des Menschen als deren Herr, einen gewissen Eigenwert behielt. Die Dienlichkeit für menschliche Zwecke gehörte sozusagen zum Selbstsein einer so verstandenen Natur (Spaemann 1980, 191f).

---

[46] Nur in ganz geringem Umfang können (bisher) neue Gene auch selbst konstruiert werden.

[47] Im Umgang mit seiner inneren Natur z.B. geht es um die grundsätzlich Möglichkeit, durch genetische Eingriffe nicht nur Krankheiten zu heilen und Leid zu vermeiden, sondern gezielt "Verbesserungen" am Bauplan des Lebens vorzunehmen.

1.3.1 Strukturelle Kennzeichen der ökologischen Krise

Mit der neuzeitlichen Denkweise wurde der hierarchische Aufbau, mit dem Menschen an der Spitze, verdrängt durch einen dynamischen Prozess progressiver Unterwerfung der Natur zusammen mit der Auffassung, (fast) jeden Zustand als einen Zustand ansehen zu können, der grundsätzlich vom Menschen umzugestalten oder zu verbessern sei, dass also Natur ständig auf menschliche Zwecke hin optimiert werden soll. Wissenschaftliche Erkenntnisse und deren instrumentelle technisch-ökonomische Anwendung versetzen den Menschen auch erstmals in die Lage, die innere und äußere Natur seinen eigenen Zielen und Wünschen unterzuordnen. Es geht in der folgenden Analyse jedoch nicht um die Industriegesellschaft als solche, denn Industrie ist in der modernen Welt notwendig, um die wichtigen Erfolge und Errungenschaften allen Menschen zugänglich machen zu können und damit die großen Probleme der Menschheit (Hunger, Krankheit, fehlende Bildung) zu lösen. Wohl aber geht es um den momentan damit verbundenen *spezifischen Umgang mit der Natur*, der sich sowohl im Denken, als auch im Handeln des Menschen äußert.

Im Gegensatz zu den Umweltproblemen der Vergangenheit, bei deren Lösung meist die nicht intendierten Handlungsfolgen zu betrachten und abzuwägen waren, geht es im Zeitalter der ökologischen Krise auch und gerade darum, bewusst begangene Handlungen und ihre Folgen, insbesondere ökonomische Handlungen, einer gründlichen Bewertung zu unterziehen, denn das Problem liegt nicht im Scheitern einer bestimmten Form *menschlichen Umgangs* mit der Natur, sondern gerade in dessen enormem Erfolg, im instrumentalisierten, rein zweckrationalen Zugriff der Vernunft auf die Natur, der sich im Fehlen einer (partiellen) Unabhängigkeit der Natur gegenüber der Brauchbarkeit allein für menschliche Wünsche und Ziele zeigt und sich *strukturell* im ökonomisch-technischen Prozess der industriellen Güterproduktion und Güterkonsumption vollzieht.

1.3.2 Lebensstil und die globale Verteilung des Risikos

"In der entwickelten Zivilisation, die angetreten war, um Zugewie-
senheiten abzubauen, den Menschen Entscheidungsmöglichkeiten
zu eröffnen, sie von Naturzwängen zu befreien, entsteht eine neuar-
tige, globale, weltweite Gefährdungszugewiesenheit, der gegenüber
individuelle Entscheidungsmöglichkeiten schon deswegen kaum bestehen, weil die Schad- und Giftstoffe mit der Naturbasis, mit den
elementaren Lebensvollzügen in der industriellen Welt verwoben
sind" (Beck 1986, 54).

Die globale ökologische Krise ist untrennbar mit dem Lebensstil[48] und den
Lebensverhältnissen auf dieser Erde, die durch eine tiefe Kluft getrennt
sind[49], verknüpft. Nicht nur bei der Produktion von Gütern, auch bei ihrer

---

[48] Der (konsumptive) Verbrauch ist eng mit dem Naturverbrauch verknüpft und wird
vor allem bei der Betrachtung gegenüber sogenannten Entwicklungsländern deutlich.
So verbraucht ein Deutscher rund zehnmal mehr als ein Mensch in einem "Entwick-
lungsland", mit entsprechend hohem Naturverbrauch (Weizsäcker [7]1997, 205). Im Gegensatz zur Thermodynamik ist dies jedoch kein naturgesetzlicher Zusammenhang.

[49] Ein wichtiger Problembereich und Ursachenkomplex, der Zusammenhang zwischen
Umweltzerstörung in der sogenannten Dritten Welt und den Industrieländern, kann
an dieser Stelle leider nicht behandelt werden. Tatsache ist, dass viele der Probleme
auf die Länder der Dritten Welt in besonderem Maße zutreffen. Dort gibt es sowohl
die verheerendsten lokalen Umweltzerstörungen, als auch ein extremes Ausmaß des
Artensterbens, der Waldrodung und der Wüstenbildung. Individuelle (absolute) Armut und Überbevölkerung bewirkt in den Entwicklungsländern gewaltige Umweltzerstörungen dadurch, dass die Natur, als Ressource für den täglichen Lebensunter-
halt notwendig, übernutzt wird.
Der globale Handel und die "Weltarbeitsteilung" hatten eine völlig asymmetrische Beziehung zwischen den Industrieländern und der Dritten Welt zur Folge und erschwe-
ren es vielen Ländern der Dritten Welt enorm, sich aus der Armutsfalle zu befreien.
Armut und Schulden auf nationaler Ebene führen dazu, die Erlöse für Bodenschätze,
"Cash-Crops" (Exportkulturen) und Holzexporte fast vollständig in den Schulden-

---

Verteilung sowie durch ihren Gebrauch, dem Konsum, wird die Umwelt immer mehr belastet. Der weltweite Konsum erreichte 1998 einen neuen Höhepunkt, denn es wurden 24 Billionen US-Dollar dafür ausgegeben, gegenüber 1975 eine Verdoppelung. Dabei ist dieser Konsum höchst ungleich verteilt: Die reichsten 20 % der Weltbevölkerung tätigen etwa 86 % der privaten Konsumausgaben, die ärmsten 20 % dagegen nur 1,3 %. Obwohl diese Zahlen mit gewissen Schwierigkeiten verbunden sind[50], zeigen sie doch die Interdependenz zwischen Konsumniveau und Umweltzerstörung sehr deutlich. Dies spiegelt sich in den mit der Konsumverteilung einhergehenden CO_2-Emissionen wider (vgl. dazu auch Anmerkungen 22 u. 45). Das Land mit dem höchsten CO_2-Ausstoß waren 1995, mit nur 4,6 % der Weltbevölkerung, die USA, also das "reichste" Land der Erde - und das nicht nur Pro-Kopf, sondern auch insgesamt. In den USA wurden 1995 pro Kopf 20,5 Tonnen CO_2 emittiert, während es in Indien nur rund eine Tonne pro Kopf war.

"Es besteht ein genereller Zusammenhang zwischen Lebensstil bzw. Konsumniveau und Umweltdegradation. Ein in einem Industriestaat lebender Mensch konsumiert im Laufe seines Lebens im Durchschnitt mehr Güter und verschmutzt die Umwelt stärker, als es 30 bis 50 Menschen in Entwicklungsländern tun" (SEF 1999, 274).

Der Anteil des Verkehrs am weltweiten Energieverbrauch beträgt heute bereits mehr als 25 %. Darüber hinaus verbraucht er mittlerweile rund die Hälfte der weltweiten Ölproduktion. Der motorisierte Verkehr verursacht allein 15 % des gesamten CO_2-Ausstoßes (alle Angaben: SEF 1999, 312), womit der (Individual-)Verkehr einen zentralen Platz einnimmt. Am Bei-

---

dienst zu stecken. Damit hat der Schuldenberg einen immanenten Zwang zur Umweltzerstörung in den betroffenen Ländern zur Folge.

[50] Diese Zahlen sind dahingehend zu relativieren, dass sie auf rein monetäre Größen rekurrieren und nicht die tatsächliche Kaufkraft (und damit den tatsächlichen Konsum) berücksichtigen, die diesen Unterschied teilweise erheblich reduziert, genausowenig wie die Inflation hierbei berücksichtigt scheint, also nicht das (niedrigere) reale Wachstum des Konsums (gegenüber dem nominalen) wiedergegeben wird.

spiel des Verkehrs mit seinen Fernwirkungen (Klimaveränderung) lässt sich auch die Problematik individueller (Konsum)entscheidungen deutlich aufzeigen. 62 % der verkehrsbedingten CO_2-Emissionen stammen aus den OECD-Ländern, in denen jedoch nur 16 % der Weltbevölkerung leben. Betroffen vom damit verbundenen anthropogenen Treibhauseffekt sind potenziell zwar alle Menschen, doch von den *negativen* Folgen sind besonders die Menschen derjenigen Länder betroffen, die kaum zur Emission beitragen und in der Regel auch über keine finanziellen Mittel verfügen, sich vor den Folgen dieses Konsums zu schützen[51]. Eine Unterscheidung zwischen entscheidenden Personen und den von diesen Entscheidungen betroffenen Personen macht in der ökologischen Krise individuelle Konsumentscheidungen sehr prekär. Für eine ethisch gerechte Entscheidung ist es nämlich ein großer Unterschied, ob ein bestimmter Teil der Menschheit zu seinem Vorteil Risiken auf sich nimmt oder ob diese Risiken (auch) anderen Personen aufgeladen werden. In einer *globalen* Gesellschaft, wie sie in der ökologischen Krise vorhanden ist, ist dies momentan der Fall. In der ökologischen Krise tritt deshalb die Kluft zwischen partikulären Handlungen mit dem Ziel der Verbesserungen des eigenen Lebensstandards und dem "Konkurrenzparadox" der Unvertretbarkeit derselben Handlung durch die Folgen und Risiken bei massenhafter Anwendung, auf die hin industrielle Produktionsbedingungen konzipiert sind, deutlich zu Tage - und damit die individuelle Dimension verantwortlichen Handelns im Zeitalter der ökologischen Krise.

---

[51] Weltweit erleiden heute rund 46 Millionen Küstenbewohner Überflutungen. Das Abschmelzen der Polarkappen infolge des Treibhauseffekts wird den Meeresspiegel deutlich anheben. Betroffen davon werden hauptsächlich kleine Inselstaaten im Pazifischen Ozean, aber z.B. auch Länder an großen Flussmündungen wie dem Nildelta in Ägypten oder dem Nigerdelta in Nigeria sein, Länder, die über wenig Mittel und Möglichkeiten verfügen, Dämme zu errichten. Bei einem Anstieg des Meeresspiegels um 0,5 bis einen Meter werden etwa 90 - 140 Mio. Menschen Opfer von Flutkatastrophen sein. In vielen südlichen Regionen wird sich Wasser weiter verknappen und steigende Temperaturen die Bodenfeuchtigkeit senken. Sinkende Ernteerträge werden vor allem in Subsahara-Afrika, in Süd- und Südostasien oder im tropischen Lateinamerika erwartet. Positiv wirkt sich die Klimaerwärmung im Gegenzug dazu gerade in vielen nördlichen Regionen, den Hauptverursachern der Emissionen, aus. Vgl. dazu SEF 1999, 314 und Anmerkung 24.

1.4 Umweltethik und Naturverständnis

"Die tiefgreifendste Veränderung der Naturvorstellung aber ist aus
der sogenannten ökologischen Krise hervorgegangen, insofern die
Natur nun auch in die moralisch-praktische Perspektive des Menschen einzubeziehen ist" (Schäfer 1998, 732).

Als Orientierungswissen und Handlungsanleitung steht Umweltethik im
Zeitalter der ökologischen Krise in zweifacher Hinsicht Problemen gegenüber[52]:

1. Ethik und ihre jeweiligen (moralischen) Regularien als "Erbe der
   Menschheit" (Höffe 1998, 17) wurden historisch entwickelt, um zwi-
   schenmenschliche Konflikte zu bewältigen. Moral ist notwendig, wenn
   zwischen verschiedenen Entscheidungen und Gütern ein Konflikt vorliegt und Regeln zur Lösung des Konfliktes, also Handlungsanleitun-
   gen, benötigt werden. Eine Übertragung auf andere Lebewesen, noch
   mehr auf Pflanzen und die übrige Natur ist somit nicht einfachhin
   möglich. Bestehende Regularien müssen verändert, angepasst und
   vielleicht erst neu entwickelt werden.

2. Das Verständnis von Natur bzw. der der jeweiligen Ethik zugrundeliegende Naturbegriff ist von dieser nicht zu trennen und hat vielfältige Auswirkung auf das praktische Verhältnis des Menschen zur Natur,
   da er über die Reichweite der moralischen (An-) Forderung entschei-
   det. Deshalb stellt dieses Verständnis für jede Umweltethik die eigentliche Grundlegung dar. Heute liegt den modernen und säkularen ethischen Vorstellungen (meist) ein reduktionistischer Naturbegriff
   zugrunde, der sich eng an einem szientistischen Weltbild orientiert.

---

[52] Ich folge hier im Wesentlichen der Analyse Sieps in seinem Vortrag, 1999.

1.4.1 Umweltethik

Moderne Industriegesellschaften sind arbeitsteilig organisiert, global vernetzt und in ihren einzelnen Schichten sehr heterogen. Dies macht ihre Struktur äußerst komplex und bindet den Einzelnen in für ihn oft anonyme, unüberschaubare und vernetzte Abläufe und Strukturen ein. Wer ist Subjekt der Handlungen in diesen Gesellschaften? Diese Frage ist nicht leicht zu beantworten. Gesellschaftliche Institutionen und Strukturen können individuelles Verhalten sehr schnell konterkarieren. Andererseits können sie auch individuelle Interessen bündeln und diesen zu einer enormen Macht verhelfen. Wie schwer deshalb, selbst mit dem richtigen ethischen Instrumentarium, eine individuelle Zuschreibung der Verantwortung sein dürfte, zeigt das Problem der globalen Wirkungen regionaler und individueller Verursachung.

"Mit anderen Worten: der hochdifferenzierten Arbeitsteilung entspricht eine allgemeine Komplizenschaft und dieser eine allgemeine Verantwortungslosigkeit. Jeder ist Ursache *und* Wirkung und damit *Nicht*ursache. Die Ursachen verkrümeln sich in einer allgemeinen Wechselhaftigkeit von Akteuren und Bedingungen, Reaktionen und Gegenreaktionen [...] Diese Globalisierungstendenz läßt Betroffenheit entstehen, die in ihrer Allgemeinheit wiederum unspezifisch sind. Wo sich alles in Gefährdungen verwandelt, ist irgendwie auch nichts mehr gefährlich." (Beck 1986, 43, 48).

Noch schwieriger wird die Zuschreibung der Verantwortung an *Gesellschaften* oder an *institutionelle Akteure*. Eine Umweltethik kann allerdings angesichts der Komplexität und Vielschichtigkeit moderner industrieller Kulturen nicht einfach auf die Handlungsverantwortung des Einzelnen rekurrieren, sondern hat auch darüber zu reflektieren, inwieweit die Gesellschaft als Ganzes[53] anders organisiert und strukturiert sein muss, um (gesell-

---

[53] Hier gibt es natürlich viele Berührungspunkte und Gemeinsamkeiten mit der Sozialethik. Dabei ist zu beachten, daß auch die Sozialethik von gleichzeitig existierenden Menschen ausgeht.

schaftliches) ökologisches Handeln zu ermöglichen. Als neu stellt sich in der ökologischen Krise das Problem heraus, globale Regularien zu finden um die ökologischen Risiken gerecht(er) zu verteilen.

> "Auch eine Gesellschaft kann konsensuell Risiken eingehen [...] so-lange die vom Risiko Getroffenen prinzipiell dieselben sind wie die, die die Vorteile genießen [...] Niemals aber kann es erlaubt sein, daß eine bekannte und feststehende Zahl von Menschen sich Vorteile verschafft auf Kosten des Risikos anderer Menschen, die überhaupt nicht gefragt werden. Der Wahrscheinlichkeitskalkül ist hier fehl am Platz" (Spaemann 1980, 200).

1.4.2 Naturbegriff

Hatte Naturphilosophie in der Antike noch die Aufgabe *Orientierungswissen* für die menschliche Praxis zu liefern, so war und ist es Aufgabe der Naturwissenschaft *Verfügungswissen* zu liefern (Mittelstraß 1981, 37). Möglich wurde dies durch die zielgerichtete Ausrichtung auf Wirkursächlichkeiten. Infolge der Verbannung einer Zielursächlichkeit und der damit verbundenen Werte aus der Natur durch die moderne Naturwissenschaft, führt ein daran orientierter und reduktionistischer Naturbegriff in der konkreten Anwendung zu einer Zweiteilung der Welt, einem Dualismus der diese in eine kausal geschlossene wissenschaftliche Natur und in ein Reich morali-scher Wertvorstellungen teilt. Eine konsequente Anwendung in der (Um-welt-) Ethik führt dazu, dass der Mensch seine subjektiven moralischen Wertungen in eine objektive und wertfreie Natur projiziert. Umweltethik bekommt damit (leicht) den Stellenwert persönlicher Geschmacksäußerun-gen, denen man sich anschließen kann - oder auch nicht. Eine so verstande-ne Ethik dient lediglich noch der Konfliktbewältigung von durch individu-elle Wünsche getragenen (und subjektiv bewerteten) Handlungen[54].

---

[54] Dies scheint in etwa auch der grundlegende Impetus der Problemanalyse bei Hirsch Hadorn (29) zu sein. "In der Frage der Auszeichnung einer erhaltenswerten Natur in-

"Zum Problem wird die Frage nach dem Selbstzweckcharakter der
unbeseelten Natur nur im Rahmen einer Kultur, die die Natur längst
entseelt hat. Wer die unfühlende Natur als mehr denn als eine für
menschliche Zwecke zur Verfügung stehende Ressource betrachten
möchte, steht in unserer Kultur unter Begründungszwang" (Birnbacher 1980, 127).

Demgegenüber steht die antike und mittelalterliche Tradition einer hierar-
chisch gegliederten teleologischen und metaphysisch-religiösen Naturvorstellung ("scala naturae"), die in ihrer Ordnung zugleich den ethischen
Rahmen menschlichen Handelns darstellte[55]. Naturdinge waren z.b. für A-
ristoteles etwas, das einen inneren Antrieb hatte und von sich aus strebte,
ganz analog einem Organismus, d.h. Natur insgesamt war Selbstbewegung.
Die damit verbundene Teleologie, insbesondere die Zielursächlichkeit, ist
das Ergebnis einer solchen Betrachtung. Menschliches Leben war nicht aus

---

terferieren verschiedene Verhältnisse des Menschen zur Natur, die mit verschiedenen
Naturbegriffen und einem je verschiedenen Umgang mit der Natur, d.h. eines wer-
tenden Bezuges auf Natur verbunden sind". Sie unterscheidet im Weiteren drei Na-
turbegriffe, nämlich einen ökologischen, einen ökonomisch-technischen und einen
kontemplativen, da diese "geeignet sind, den Kern des Orientierungsproblems in der
Umweltdebatte herauszuarbeiten" (29). Die Umweltdebatte ist für sie eine Folge der
Interferenz zwischen diesen Naturbeziehungen und ihren dahinter liegenden Werten,
also ein Wertkonflikt der sich aus dem je unterschiedlichen Zugang zur Natur ergibt.
"Im Falle der Umweltproblematik handelt es sich meines Erachtens um einen Werte-
pluralismus innerhalb einer weit verstandenen anthropozentrischen Perspektive, die
den Wert von Natur für Menschen nicht auf die wohlfahrtsökonomische Perspektive
reduziert" (405).

[55] Hiermit ist die platonisch-aristotelische Tradition gemeint, nicht der Atomismus des
Epikur oder Demokrit, die auch schon zu dieser Zeit einen naturalistischen Gegen-
entwurf entwickelten. Ausgangspunkt der Betrachtung in der Antike war das vor-
findbare organische Leben und, eng daran geknüpft, konkrete Naturerfahrungen. Me-
thodisch bedeutete das eine "teilnehmende" Beobachtung, d.h. durch eine genaue Betrachtung und Analyse der Lebewesen sollte auf Vorgänge im anorganischen Bereich
geschlossen werden können. Deshalb orientierte sich z.B. Aristoteles in der Beschreibung von Natur stark am Vorbild des menschlichen Organismus mit seinen Zwecken
und Zielen.

der Natur herausgenommen, diese bildete vielmehr den umgreifenden Zweckzusammenhang der eigenen Existenz und eine ganzheitliche Sinnstruktur für menschliche Handlungen. Natur wurde durch das innere Prinzip des Strebens (Entelechie), das eine Finalität auf ein Ziel hin enthielt und als Möglichkeit allen Dingen innewohnte, umfassend und holistisch verstanden. Sie verwirklichte sich in einem Höherstreben und enthielt dadurch Wertabstufungen. Der Mensch fiel zwar in Bezug auf seine Sittlichkeit aus der Natur heraus, seine moralischen Fähigkeiten standen also in einem gewissen Gegensatz zur Natur, doch war das keine Trennung in zwei völlig unterschiedliche Sphären.

Neben der Frage, wer Subjekt und wer (mögliches) Objekt einer Umweltethik in der ökologischen Krise ist, stellt sich also das Problem, ob es einen "evaluativen" (Siep 1999, 10) Naturbegriff für die Ethik gibt, aus dem sich auch objektiv Handlungsnormen folgern lassen, oder ob die jeweiligen zu beachtenden Werte projektiv in die Natur gelegt werden und damit allein dem menschlichen Diskurs und positiver Rechtssetzung anheimgestellt sind.

2   Die Konzeption von Hans Jonas: Das Prinzip Leben

Hans Jonas (1903 - 1993), stark geprägt von einem seiner Lehrer, Martin Heidegger, ist zu denjenigen Philosophen zu zählen, die als erste das Problem der ökologischen Krise erkannt haben und denkerisch deren Ursachen ergründen wollten. Die ethischen Maßstäbe in seinem Werk gewinnt er durch die Auseinandersetzung mit und Kritik an technologisch-utopischen Idealen[56]. Die Paradoxie menschlicher Existenz liegt für Jonas darin, dass sich zwar allein um des menschlichen Geistes willen das "Abenteuer Mensch" lohnt, zugleich jedoch dieser Geist, in Form der technologischen Errungenschaften des Menschen, seine eigenen Grundlagen, die biologische Basis, zerstört.

> "Im Geiste treffen sich Adel und Verhängnis. Er, der in seinem Selbstwert das Sein des Menschen ins Metaphysische erhöht, wird in seinem Nutzwert das Instrument brutalsten biologischen Erfolges. In sich erfüllt er die Bestimmung des Menschen, um sich verbreitet er Verderben. In ihm gipfelt das 'Ja' des Seins zu sich selbst, das mit der ersten Regung fühlenden und sterblichen Lebens laut wurde, und er untergräbt die Basis, die ihn trägt [...] Und da sein Tun jetzt das Ganze bedroht, vermag er auch seine Verantwortung für den Fortbestand des Ganzen zu erkennen" (Philosophie, 38).

Das chronologisch und systematisch für diese Arbeit erste Werk ist "Das Prinzip Leben" (im Folgenden: PL, in der Erstveröffentlichung präziser: "Organismus und Freiheit. Ansätze zu einer philosophischen Biologie"), in

---

[56] "Da es [das utopische Ideal] ältester Menschheitsträume für sich hat und nun in der Technik auch die Mittel zu besitzen scheint, den Traum in ein Unternehmen umzusetzen, ist der vormals müßige Utopismus zur gefährlichsten - gerade weil idealistischen - Versuchung der heutigen Menschheit geworden" (PV, Vorwort, 9).

dem Jonas den Versuch startet, eine philosophische Biologie[57] zu begründen und daraus die menschliche Freiheit abzuleiten. Er legt mit diesem Buch zugleich "eine 'ontologische' Auslegung biologischer Phänomene", also sein Naturverständnis, vor. Dabei entwirft Jonas eine Teleologie[58] menschlicher, tierischer und natürlicher Zwecke, die für ihn ethische Konsequenzen haben, welche er in seinem Hauptwerk "Das Prinzip Verantwortung" (im Folgenden: PV) ausführt. Dieses Werk knüpft bewusst an "Das Prinzip Hoffnung" von Ernst Bloch an, will jedoch eine Abkehr von der utopistischen Ethik hin zu einer Ethik der Bescheidung erreichen. Auch die Begründung einer Ethik für das technologische Zeitalter bedarf für Jonas schließlich einer metaphysischen Grundlegung, soll sie ihr Ziel, einen verantwortungsvollen Umgang mit der Natur und mit zukünftigen Generationen, erreichen[59]. Ausgangspunkt der theoretischen Grundlegung ist für ihn dabei die "psychophysische Einheit des Lebens".

---

[57] Über die Probleme der modernen naturwissenschaftlichen Biologie schreibt er: "Ihrerseits muß die wissenschaftliche Biologie, durch ihre Regeln an die äußeren, physischen Tatsachen gebunden, die Dimension der Innerlichkeit ignorieren, die zum Leben gehört: damit bringt sie den Unterschied zwischen 'beseelt' und 'unbeseelt' zum Verschwinden und läßt zugleich das stofflich voll erklärte Leben nach seinem Sinne rätselhafter, als das unerklärte war [...] Das Verständnis des Menschen leidet von der Trennung ebenso sehr wie das des außermenschlichen Lebens" (PL, Vorwort, 9).

[58] Jonas verwendet diesen Terminus nie explizit. Nachdem er jedoch teilweise bis in die Terminologie hinein aristotelische Gedanken weiterentwickelt, scheint mir dieser Begriff der adäquate Ausdruck seiner Konzeption zu sein, da der Begriff Teleologie all die Bereiche umfasst, "die mit den Begriffen 'Funktion', 'Zielgerichtetheit', 'organische Ganzheiten', 'Zielintendiertheit' und 'Intentionalität' beschrieben werden" (Speck 1980, 186). Ich folge in den Definitionen und Beschreibungen der Teleologie (in Punkt 2.1.1) im Wesentlichen der historisch-systematischen Studie (der Veränderung dieses Begriffs) von Engels (1982, S. 11 - 50).

[59] "Die Begründung einer solchen Ethik, die nicht mehr an den unmittelbar mitmenschlichen Bereich der Gleichzeitigen gebunden bleibt, muß in die Metaphysik reichen, aus der allein sich die Frage stellen läßt, warum überhaupt Menschen in der Welt sein sollen: warum also der unbedingte Imperativ gilt, ihre Existenz für die Zukunft zu sichern" (PV, Vorwort, 8).

Hans Jonas

Für die Charakterisierung des Naturverständnisses, das bei Hans Jonas wesentlich über die Auseinandersetzung mit dem Phänomen des Lebens erfolgt, und der daraus folgenden (Umwelt-) Ethik sind weiterhin folgende Werke herangezogen worden: Die Monographie "Macht oder Ohnmacht der Subjektivität? Das Leib-Seele Problem im Vorfeld des Prinzips Verantwortung" (im Folgenden: MOS), das Buch "Erkenntnis und Verantwortung" (im Weiteren: EV), die Aufsatzsammlungen "Philosophische Untersuchungen und metaphysische Vermutungen" (im Folgenden: PU), "Dem bösen Ende näher. Gespräche über das Verhältnis des Menschen zur Natur" (im Weiteren: BE), sowie die Aufsätze "Wissenschaft und Forschungsfreiheit: Ist erlaubt, was machbar ist?" (im Folgenden: WF) und "Prinzip Verantwortung. Zur Grundlegung einer Zukunftsethik" (im Weiteren: GZE) sowie Hans Jonas´ Vortrag in München 1992 mit dem Titel "Philosophie. Rückschau und Vorschau am Ende des Jahrhunderts" (im Folgenden: Philosophie).

Das Vorgehen in diesem Kapitel ist zweigeteilt. Zunächst geht es um die systematische Rekonstruktion des Lebendigen als zentrales Kriterium der Natur bei Hans Jonas (2.1). Diese wird etwas ausführlicher sein müssen, da diese Konzeption in weiten Teilen auch die Grundlage von Hösle ist. Anschließend sollen seine daraus resultierenden Folgerungen für die Ethik betrachtet werden (2.2). Primär geht es in diesem Kapitel um die reine Darstellung der Positionen von Jonas.

2.1 Das Prinzip Leben

Hans Jonas geht in seinem Naturverständnis von sehr ursprünglichen Erfahrungen und Problemen aus: Dem Phänomen des lebendigen Leibes und dessen Austausch mit der Natur. Die Schwierigkeiten der adäquaten (begrifflichen) Erfassung von Natur und Leben in der Moderne beruhen für ihn auf der Tatsache der Kollision einer umfassenden Betrachtungsweise mit einer begrenzten Anschauung, genauer im (metaphysischen) Reduktionismus der "integralen Wirklichkeit" der Natur innerhalb der partikularen Monismen Idealismus und Materialismus. Während im Panvitalismus (Animismus), den Anfängen der menschlichen Seinsdeutung, dadurch, dass für diesen die ganze Welt belebt war, der Tod nicht zu erklären ist, trat in der Phase des Panmechanismus (mit Beginn der Renaissance; für Jonas in der Philosophie von Descartes trefflich zusammengefasst) das Problem zutage, Leben nicht erklären zu können. Es entstand ein Dualismus zwischen Geist und Materie mit dem erneuten Problem, Wechselwirkungen zwischen diesen beiden "Substanzen" nicht vernünftig erklären zu können. Als eigentlicher Gewinner ging daraus der Monismus moderner Naturwissenschaften mit ihrem Materialismus und Physikalismus, sowie der Verbannung der Teleologie (End- oder Zielursache) aus der Natur[60] hervor. Dies führt(e) für Jonas schließlich dazu, die "Teleologie sogar aus der 'Natur des Menschen' zu verbannen, von wo aus sie die 'Natur des Universums' verunreinigt hatte - das heißt, den Menschen sich selbst zu entfremden und der Selbsterfahrung des Lebens die Echtheit abzusprechen" (PL, 71). Diesem "Anthropomorphismusverbot" der Gegenwart setzt Hans Jonas bewusst seine eigene Auffassung, die ihren Ausgangspunkt im Phänomen des Lebens hat, entgegen[61]. Damit legt er zugleich seinen methodischen Zugang fest, sich dem Phänomen von Natur und Leben in geeigneter Weise zu nähern.

---

[60] "Was blieb, ist das Residuum einer Reduktion auf die bloßen Eigenschaften des Ausgedehnten, die der Messung und so der Mathematik unterliegen [...] Der Wissensbegriff bestimmt den Naturbegriff. Das bedeutet aber, daß das *Leblose* das Wißbare par excellence, der Erklärungsgrund von allem geworden ist und damit auch zum anerkannten Seinsgrund von allem wurde" (PL, 28).

[61] Darüber hinaus weist Hans Jonas oft genug auf, dass implizit doch immer wieder der anthropomorphistische bzw. teleologische Standpunkt eingenommen werden muss. "Der menschliche Verstand hat eine starke und, wie es scheint, unwiderstehliche Neigung, menschliche Funktionen in den Kategorien der sie ersetzenden Artefakte und Artefakte in den Kategorien der von ihnen versehenen menschlichen Funktionen zu deuten [...] Der moderne automatische Bedienmechanismus wird als wahrneh- mend, reagierend, sich anpassend, zielstrebig, erinnernd, lernend, Entscheidungen treffend, intelligent und gelegentlich sogar als emotionell bezeichnet [...], und entsprechend werden Menschen und menschliche Gesellschaften als Feedbackmechanismen, Nachrichtensysteme und Rechenmaschinen begriffen und erklärt" (PL, 199). Vgl. dazu auch PL, 91, Hervorhebung durch A.R.: "Auslese ist ihrem Wesen nach ein *negativer Ersatz für Teleologie*; sie erklärt das Verschwinden, nicht das Auftreten von Formen - sie unterdrückt, aber schafft nicht. Sie ersetzt daher Teleologie als Richtungsprinzip nur unter der Bedingung, daß ihr das geeignete Material zur Auswahl angeboten wird [...] Durch ihr Sieb gezwungen - so sieht es die Theorie -, wird das Zufällige konstruktiv".

Hans Jonas

"Vielleicht ist in einem richtig verstandenen Sinne der Mensch doch das Maß aller Dinge - nicht zwar durch die Gesetzgebung seiner Vernunft, aber durch das Paradigma seiner psychophysischen Totalität, die das Maximum uns bekannter, konkreter ontologischer Vollständigkeit darstellt, *von dem aus* die Klassen des Seins durch fortschreitende ontologische Abzüge bis zum Minimum der bloßen E-lementar-Materie reduktiv bestimmt werden (anstatt dass die vollständigste von dieser Basis her durch kumulative Hinzusetzung aufgebaut wird)" (PL, 45).

2.1.1 System, Zweck und Evolution

Um die Idee von Jonas richtig zu erfassen scheint zuerst ein Exkurs zu den Begriffen Teleologie, Teleonomie und System notwendig[62], um sowohl Problem und Motivation, als auch die Tragweite seines (Gegen-) Entwurfs, insbesondere für die Ethik, zu verstehen. Jede *teleologische Erklärung* beinhaltet eine, wie auch immer geartete, Antizipation der Wirkung einer Handlung oder eines Prozesses als Ziel oder Zweck. Die Antizipation des Ziels gilt dabei als Erklärung und Grund, die Handlung und der Prozess dagegen nur als Mittel der Realisierung dieses Zwecks. Im Falle echter Teleologie geschieht immer etwas *um eines bestimmten Resultates* willen, wobei der Zweck durchaus Mittel für weitere Zwecke sein kann. Gewonnen wird eine teleologische Vorstellung paradigmatisch an (selbst-) bewussten menschlichen Handlungen. Teleologische Erklärungen setzen daher, insbesondere bei analogen Übertragungen auf unbewusste Prozesse, etwas voraus, das diese Antizipation in irgendeiner Form ermöglicht und sind deshalb *ontologisch nicht neutral*.

---

[62] Jonas setzt sich damit im Rahmen der Kybernetik im PL (195 - 232) auseinander. Während er die Begriffe Teleologie und Teleonomie nicht explizit verwendet, gebraucht er die systemischen Begrifflichkeiten sehr wohl.

Eine *funktionale Beschreibung* von Systemen ist demgegenüber zunächst *ontologisch neutral*. Hier geht es darum, die gemeinsamen Eigenschaften von Systemen und Prozessen zu beschreiben, ohne auf einen spezifischen Prozess oder dessen Voraussetzung rekurrieren zu müssen. Sie können in diesem Sinne auch ohne Probleme auf Organismen angewandt werden, denn funktionale Beschreibungen lassen den *Erklärungsgrund* für dieses Verhalten *offen*. Anders dagegen *funktionale Erklärungen*. Bei funktionalen Erklärungen wird Zweckmäßigkeit nicht im Sinne von antizipierten Resultaten, sondern im Sinne einer "*poststabilisierten Harmonie*" (Wuketits, zitiert nach Engels 1982, 15) als glückliches Zufallsprodukt zielloser Evolutionsprozesse begründet. Ontologisch setzt diese Erklärung voraus, dass die mechanischen Gesetzmäßigkeiten allein *nicht nur notwendige*, sondern bereits *hinreichende* Bedingung für das Ergebnis sind. Mit dem Begriff der *Teleonomie* versucht man nun, insbesondere in der Biologie, planlose Zufälligkeit und (scheinbare) Zielstrebigkeit von Prozessen des Lebens zusammenzudenken. Phänomene gerichteter Prozesse werden dabei durch die (ontologische) Reduktion auf kausal-mechanische Bedingungen erklärt. Finalität der Lebenserscheinungen beruht hier lediglich noch auf einer speziellen Form von Kausalität und besagt nichts weiter als die Anerkennung von Regelkreisprozessen. "'Teleonomie' klingt nur wie 'Teleologie', ist aber deren Negation" (Mutschler 1994b, 103).

"Durch Kybernetik und Systemtheorie ist es möglich geworden, den rein *formalen* Aspekt der Teleologie, den *Ganzheitscharakter* der Lebenserscheinungen anzuerkennen, ohne sich damit auf metapyhsisch-teleologische Voraussetzungen einlassen zu müssen" (Engels 1982, 19).

Ein *System* zeichnet sich formal dadurch aus, dass sich, bedingt durch kausale Kräfte und Wechselwirkungen, aus einzelnen Bestandteilen ein Ganzes konfiguriert, das in dieser Eigenschaft eine Einheit darstellt, wobei die Unterschiedenheit der Teile durch die Ganzheit nicht aufgehoben wird und die Ganzheit wiederum nicht (vollständig) auf die einzelnen Bestandteile zurückzuführen ist. Zu einem System gehört ebenfalls eine wie auch immer geartete Grenze, eine Unterscheidung von Innen und Außen. Der Unterschied "selbst" regulierender (technischer) Systeme gegenüber reinen Verhaltensänderungen aufgrund physikalischer Einflüsse ist, dass die physikalischen Einflüsse nicht selbst die Kraft einer Veränderung darstellen, son-

Hans Jonas

dern lediglich die Informationen[63] (Wahrnehmung) liefern, die dann von anderen Kraftquellen z.B. mittels negativer Rückkoppelung (Ausgleich von Ungleichgewichten) in Antrieb (Bewegungen) umgesetzt werden. Für Hans Jonas stellt die Evolutionstheorie in gewisser Hinsicht die Vollendung mechanistischen Denkens dar. An die Stelle von sich entwickelnden Entitäten als schöpferisches Prinzip treten Anfangsbedingungen und kausale Gesetzmäßigkeiten. Leben wird in diesem Rahmen als reine Organismus-Umwelt Relation betrachtet und das dem Leben belassene Minimum ist die bloße "Selbst"erhaltung[64], "das Analogon der Trägheitsgesetze, die das Verhalten eines Partikels beherrschen" (PL, 85). Entscheidend ist für Jonas dabei, dass die Beständigkeit eines Systems in naturwissenschaftlicher Sicht dadurch seine ontologische Auszeichnung vollkommenerer Darstellung des Seins verliert, dass diese Gerichtetheit zwar wie eine Teleologie erscheint, aber keine ist[65].

---

[63] Auch der Informationsbegriff ist hierbei ein anderer als der alltagssprachliche. Engels (1982, 40-47) unterscheidet drei verschiedene Informationsbegriffe: den *alltagssprachlichen*, den *mathematisch-statistischen* und den *strukturellen* bzw. *morphologischen*. Der mathematisch-statistische Informationsbegriff umfasst nur die *Informationsmenge* (Quantitäten), die bei der Übermittlung von Informationen eine Rolle spielen. Der strukturelle gibt Auskunft über bestimmte abstrahierte Qualitäten (Eigenschaften), bei dem der Bezug zu einer Intentionalität fehlt. Dieser Informationsbegriff wird in "selbst"regulative Systembeschreibungen verwendet. Beiden gegenüber steht der *teleologische Informationsbegriff* alltagssprachlicher Information, der sich durch eine *inhaltliche Bedeutung* (Semantik) für Jemanden auszeichnet. Er setzt damit Strukturen voraus, die den Charakter einer Intentionalität haben und ist deshalb, im Gegensatz zu den beiden anderen, ontologisch nicht neutral.

[64] Von einigen Vertretern der Soziobiologie wird selbst dies aufgelöst. Dann geht es nicht mehr um die "Selbst-"erhaltung, sondern einzig um den Zweck der Weitervererbung der eigenen Gene. Dadurch wird der gesamte Organismus zum Epiphänomen eines ewigen genetischen Flusses, dessen Aufrechterhaltung allein Leben bezeichnet. Vgl. dazu PL, 93 - 94: "So ist hier die platonisch-aristotelische Unsterblichkeit der Gattung durch die Unsterblichkeit des Keimplasmas als eines kontinuierlichen Seins in sich selbst ersetzt: und in Umkehrung der klassischen Formel müsste man sagen, daß das Entwickelte um des Unenetwickelten, der Baum um des Samens willen da ist".

[65] In der Systemtheorie wird für Jonas zu diesem Zweck die positive Teleologie durch ein negatives Prinzip der Auslese ersetzt. Nicht die Wahl zwischen Möglichem, sondern aus bloßem Zufall und reiner Veränderung entsteht eine Gesetzmäßigkeit allein

In einem mechanistischen Modell wird jeder Zweck seines Sinnes beraubt, indem er auf rein äusserliche Zusammenhänge, das Verhalten reduziert wird, wobei mit Verhalten jede Veränderung in Bezug auf die Umgebung bezeichnet wird. Zweckhaftigkeit gehört jetzt jener besonderen Form der Kausalität an, die mit dem Erreichen eines Endzustandes aufhört. Wenn Endzustand dann aber nicht tautologisch denjenigen Zustand bezeichnen soll, in dem das Ziel erreicht ist, also die Finalität des Zustandes dem Begriff "Ziel" den Sinn geben soll und nicht umgekehrt, kann nur derjenige Zustand gemeint sein, in dem die Aktion endet, indem sie entweder ein stabiles Gleichgewicht erreicht oder in eine Ruheposition gelangt[66]. In einem solchen Sinne verallgemeinert sind der allgemeine Zweck und die Richtung aller natürlichen Prozesse die Zunahme der Entropie, so dass es schließlich dazu kommen muss, "*allem* Tätigsein Zweck zuzuschreiben - und damit die Definition jeder definierenden Kraft zu berauben" (PL, 205). Die Ordnungszunahme in der Entwicklung eines (biologischen) Systems wird so zur bloßen "Selbstwiederholung der Bewegung des Systems", denn die Ziele werden durch erreichte Ergebnisse ersetzt und das "Werden" durch den Prozess selbst. Offene Systeme sind deshalb quasi-teleologische Erscheinungen, deren Formen durch Fliessgleichgewichte und Feedback-Schleifen erhalten bleiben. Organismen stellen in diesem Sinne nur besonders komplexe (offene) Systeme dar.

---

dadurch, dass die Entscheidung für eine Möglichkeit (bzw. die Konstellation einer bestimmten Form) immer bedeutet, viele alternative Möglichkeiten auszuschließen und damit die Möglichkeiten für die Zukunft einzuschränken, "kurz, Möglichkeit wie Gelegenheit werden in mehr und mehr bestimmte Richtung kanalisiert, bis das vollendete System nur noch seine eigene Möglichkeit übrigläßt und selber die permanente Gelegenheit zu ihrer Realisierung darstellt" (PL, 116).

[66] Demgegenüber konnte für Jonas bereits Aristoteles zwischen dem "bloßen Endigen und inneren 'Ende' einer Bewegung unterscheiden, eine Unterscheidung, ohne die, wie er [Aristoteles] betont, der Tod als das Ziel des Lebens betrachtet werden müsse" (PL, 203).

Hans Jonas

Gegenüber der mechanistischen Vorstellung von Leben in der Neuzeit stellt für Jonas die Evolutionstheorie[67] aber auch einen wichtigen Ansatz zur Neuformulierung der Frage nach dem Lebendigen dar. Die Kontinuität der Abstammung, die Verbindung von Mensch und Tierwelt macht(e) es unmöglich, Geist und geistige Phänomene weiterhin "als den abrupten Einbruch eines ontologisch fremden Prinzips" in die Natur zu betrachten und gab damit "dem Gesamtreich des Lebens etwas von seiner Würde" zurück. "Ist der Mensch mit den Tieren verwandt, dann sind auch die Tiere mit dem Menschen verwandt und in Graden Träger jener Innerlichkeit, deren sich der Mensch, der vorgeschrittenste ihrer Gattung, in sich selbst bewußt ist" (PL, 100).

Da sich subjektive Phänomene einer reinen Quantifizierung entziehen, ist den modernen Naturwissenschaften eine Betrachtung der "Innerlichkeit"[68] von Leben per definitionem nicht möglich. Falls diese Innerlichkeit jedoch koextensiv mit Leben sein sollte, kann eine reine Interpretation des Lebens aufgrund von Äußerlichkeiten, also aufgrund rein kausal-mechanischer Zusammenhänge, das Leben nicht adäquat erfassen. Deshalb stellt sich für Jonas die Frage, ob mit einem System das Leben selbst beschrieben ist oder

---

[67] Für Hans Jonas ist die Evolutionstheorie, wie jede umfassende Theorie sonst, ein "verwickeltes Netzwerk" aus Tatsachenwissen, Hypothese und Deduktion. Zu den gesicherten Tatsachen gehören für ihn die Evolution als solche sowie das Auftreten von Mutationen. Nicht gesichert sind für Jonas dagegen ihr "Wesen" und ihre Ursachen.
"Der Zufallscharakter der Mutationen ist eine Hypothese: die Veranlassung mancher durch äußere Kräfte, z.B. durch Bestrahlung, ist eine Tatsache der Laboratoriumserfahrung; aber der erhobene Anspruch, daß diese repräsentativ für alle Mutationen und die ihnen zugrundeliegende Dynamik seien, ist ein bloßer Versuch mit Occams Rasiermesser; und schließlich, daß diese Art von Variabilität für das Zustandekommen der größeren taxonomischen Ordnungen ausreiche, ist vorläufig mehr eine metaphysische Behauptung (oder, nüchtern gesagt, ein methodologisches Postulat) als eine wissenschaftliche Hypothese - wenn 'Hypothese' die Konstruktion eines wenigstens gedanklich funktionierenden Modells einschließen soll" (PL, 83).
[68] Subjektivität und Innerlichkeit werden von Jonas mehr oder weniger synonym gebraucht, da die Subjektivität in der Innerlichkeit organischer Empfindungsfähgkeit gründet. Siehe dazu auch 2.1.3.

nur eine Bedingung des Lebens. Obwohl die Begriffe System und Feed-back-Mechanismus bei der Beschreibung eines physikalisch-technischen Systems angewandt werden können, ist dies zur Beschreibung lebendiger Organismen nicht ausreichend[69]. Die Existenz von Wahrnehmung (Sinnes-empfindungen) und Bewegungsfähigkeit alleine genügt nämlich nicht, um zweckhaftes Verhalten wirklich erklären zu können[70]. Organismen weisen ein zusätzliches Moment auf: Motivation bzw. Interesse.

"Die Feedbackkombination eines Rezeptor-Effektor-Systems (was ein Organismus neben anderen Dingen *auch* ist) gibt sich für zweck-haftes Handeln genau dann her, wenn und wann sie *nicht* ein bloßer Feedback*mechanismus* ist - d.h. wenn die zwei Elemente nicht direkt gekoppelt sind, sondern zwischen ihnen Wille oder Interesse oder Anliegen eingeschoben ist. Das aber kommt genau auf die Feststel-

---

[69] Das Rätsel ist für Jonas "die anti-entropische, physikalisch unwahrscheinliche Rich-tung von Unordnung zur Ordnung" (PU, 211). Organismen und Lebewesen zeichnen sich durch eine extrem hohe Ordnung, einen Zustand fernab vom thermodynami-schen Gleichgewicht, und damit einen physikalisch äußerst unwahrscheinlichen Zu-stand, aus, der - gegenüber rein physikalischen Systemen - "gezielt" aufrechterhalten werden muss. Für Jonas kann die Lösung nicht in einer "Information" der Materie ste-cken, da Information immer schon Ergebnis von Organisation ist und diese damit voraussetzt, aber letzlich Organisation nur perpetuiert. Die (Höher-) Entwicklung von Lebewesen, also das Entstehen von Neuem in der Natur, bedarf für ihn auch deshalb eines zusätzlichen transzendenten Faktors, weil die naturwissenschaftliche Grundlage der Ordnung der Natur reine Erhaltungsgesetze sind.

[70] Hans Jonas führt im PL das Beispiel eines Torpedos an, das in der Kybernetik "als im inneren zweckhaft" betrachtet wird. Welcher Teil des Mechanismus birgt nun den Zweck in sich? Die Antriebsmaschinen können es nicht sein, da diese rein durch den Ausgleich von Energiegefällen arbeiten. Auch die Rezeptoren arbeiten in Bahnen streng mechanischer Notwendigkeit, diesen folgt ebenfalls die Übermittlung der Da-ten. "Keine dieser Aktionen ist als solche mit der Erreichung 'des Zieles' beschäftigt; das einzige 'Anliegen' einer jeden ist die Erfüllung ihres eigenen 'Zweckes' nach dem Gesetz der Entropie". So kann der Zweck nur noch im Ganzen stecken, eine absurde Vorstellung die man sich für Jonas dadurch deutlich machen kann, dass man sich ei-nen Piloten zur Steuerung des Torpedos denkt. Der Pilot, nicht die Ganzheit von Tor-pedo und Pilot, wäre Träger von Zwecken, der übrige Teil dagegen einfach ein Werk-zeug für ein Zwecke habendes Wesen. Vgl. dazu PL, 208ff.

lung hinaus, daß zweckhaftes Verhalten die Anwesenheit von Zwecken erfordert" (PL, 211).

In gewisser Hinsicht ähnelt die "Sensor-Effektor-Kombination" bei Tieren zwar tatsächlich den Feedbackmustern mechanischer Modelle, doch es gibt für Jonas einen entscheidenden Unterschied: Das kybernetische Modell reduziert die Zweckhaftigkeit auf Wahrnehmung und Bewegung, während sich die "tierische Natur" tatsächlich aus einer Triade von Wahrnehmung, Bewegung und *Gefühl* zusammensetzt[71].

"Die Antwort [auf obige Frage] läßt sich in eine Feststellung komprimieren: Lebende Dinge sind Geschöpfe des Bedürfnisses und handeln aufgrund von Bedürfnissen. Das Bedürfnis gründet einerseits in der *Notwendigkeit* ständiger Selbsterneuerung des Organismus mittels des Stoffwechsels, andererseits im elementaren *Drang* des Organismus, auf solche prekäre Weise sein Dasein fortzusetzen [...] Die Pein des Hungers, die Leidenschaft der Jagd, die Wut des Kampfes, der Schrecken der Flucht, der Reiz der Liebe - diese und nicht die durch Rezeptoren übermittelten Daten begaben Gegenstände mit dem Charakter von Zielen (positiven oder negativen) und machen das Verhalten zweckgerichtet" (PL, 218f).

2.1.2 Organismus und Stoffwechsel

Der Systembegriff reicht für Hans Jonas also nicht hin, lebendige Organismen zu beschreiben. In der reinen Zergliederung als physikalische Körper wird das wahre Kennzeichen des Lebendigen nicht adäquat erfasst. Nicht

---

[71] Für Jonas hebt deshalb "das bloße Element der Anstrengung" die leibliche Tätigkeit "aus der Klasse der mechanischen Leistung heraus", denn dieses Element bedeutet, dass "ein Tier sich nur unter dem Antrieb eines Interesses" anstrengt. Und genau in den Bedürfnissen, im allgemeinen Streben nach einem Guten für den Organismus, begründet sich für Jonas beim Menschen die Ethik. Vgl. dazu PL, 219f und 2.2.

der vollständige Querschnitt des Materiellen im Organismus, sondern erst seine Form, die in der *Zeitlichkeit* und im *Funktionsganzen des Organismus* zu finden ist, charakterisiert einen Organismus hinreichend. Als rein physischer Körper weist der Organismus zwar dieselben allgemeinen Züge wie andere Aggregate auf, aber etwas unterscheidet ihn fundamental von allen anderen Systemen: der Stoffwechsel (Metabolismus). Der Stoffwechsel stellt für den Organismus neben der notwendigen *Energie* für Aktivitäten auch die *materiellen Ressourcen* seiner eigenen Fortexistenz zur Verfügung - die Teile aus denen sich der Organismus beständig selbst erneuert und aufbaut[72].

"In diesem merkwürdigen Seinsprozess sind für den zergliedernden Betrachter die Stoffteile, aus denen der Organismus in einem gegebenen Zeitpunkt besteht, nur zeitweilige und vorübergehende Inhalte, deren stoffliche Identität nicht mit der Identität des Ganzen zusammenfällt, durch das sie hindurchgehen - während dieses Ganze seine eigene Identität eben mittels des Durchgangs fremder Materie durch sein räumliches System, die lebendige Form, aufrechterhält. Es ist niemals stofflich dasselbe und dennoch beharrt es als dies i-

---

[72] Die Radikalität der Bedeutung dieser Aussage, nicht nur für Hans Jonas, kann man sich wiederum anhand eines Vergleichs mit Maschinen verdeutlichen. Dazu: PL, 145f, Fussnote12, gleiches in PU, 19. "Der Stoffaustausch mit der Umwelt ist nicht die periphere Tätigkeit eines beharrenden Kerns: er ist die totale Weise der Kontinuität (Selbstfortsetzung) des Lebenssubjektes selbst. Die Metapher von 'Zufluß' und 'Abfluß' gibt die radikale Natur der Tatsache nicht wieder. In einem Motor haben wir Zufluß von Brennstoff und Abfluß von Verbrennungsprodukten, aber die Motorteile selbst, die diesen Fluß durch sich passieren lassen, nehmen an ihm nicht teil: ihre Substanz ist nicht einbezogen in die Umwandlungen [...] [die Maschine] existiert als ganz dieselbe, wenn jede Speisung unterbleibt [...] Im Gegensatz dazu, wenn wir einen lebenden Körper als 'metabolisierendes System' bezeichnen, müssen wir in die Bedeutung dieses Ausdrucks einschließen, daß das System selber gänzlich und stetig das Ergebnis seiner metabolischen Tätigkeit ist, und ferner, daß kein Teil des 'Ergebnisses' aufhört, Objekt des Metabolismus zu sein, während er gleichzeitig Vollzieher desselben ist [...] außer der Lieferung kinetischer Energie [...] ist seine fundamentale Rolle die, die Maschine selbst ursprünglich aufzubauen und ihre Teile ständig zu ersetzen [...] für eine solche Leistung aber gibt es kein Analogon in der Welt der Maschine".

dentische Selbst gerade dadurch, daß es nicht derselbe Stoff bleibt"
(PL, 145).

Das "ontologische Individuum" wird für Jonas dadurch konstituiert, dass
es, gegenüber der Einheit materieller Systeme, seine Einheit (Form) nicht
dank eines bloßen Kräfteverhältnisses der Teile untereinander gewinnt,
sondern sich kraft seiner Selbst organisiert und ständig unterhält. Eine *innere Identität des Ganzen* muss dabei die wechselnde Abfolge im materiellen
Prozess übergreifen. Ihre "Form ist nicht Ergebnis, sondern Ursache der
stofflichen Ansammlungen" (PL, 149). Dieser Tatbestand der Eigenständigkeit der Form gegenüber dem Stoff stellt den "ontologischen Grundcharakter" allen Lebens dar. "Selbigkeit, solange sie dauert, ist ständige Selbsterneuerung durch Prozeß, getragen auf dem Fluß des immer anderen. Erst
diese aktive Selbstintegration des Lebens liefert den ontologischen Begriff
des Individuums, im Unterschied vom bloß phänomenologischen" (PL,
150). Leben beginnt mit dem Stoffwechsel als "Grundschicht aller organischen Existenz" (PU, 13), wobei die Dauer seiner Existenz und die sich
durchhaltende Selbigkeit in diesem Prozess für Jonas originär die Leistung
des jeweiligen Individuums sind[73]. Das Verhältnis des Organismus zu seinem stofflichen Aufbau ist dann zweifacher Art. Der Art nach sind die Materialien für seinen Stoffwechsel wesentlich (zur Weiterexistenz), der konkreten "Diesheit" nach dagegen zufällig. Die Emanzipation der Form von
der unmittelbaren Identität mit dem Stoff mittels Stoffwechsel (Freiheit)
führt für Jonas nun dazu, dass der Begriff "Selbst" - bereits im elementars-
ten Fall von Leben - unvermeidlich ist. Diese Grundfreiheit des Organismus
bleibt zwar, bedingt durch die Aufnahme der und das Ausscheiden in die
ihn umgebende(n) Welt, immer an die Materie zurückgebunden und damit

---

[73] Organismen sind für Jonas in einem fundamentalen Sinn Wesen, "deren Sein ihr eigenes Werk ist. Das will sagen, daß sie nur existieren kraft dessen, was sie tun. Und dies
in dem radikalen Sinne, daß das Sein, das sie durch dieses ihr Tun erwerben, nicht ein
Besitz ist, den sie nun 'haben', abgetrennt von der Tätigkeit, durch die er erzeugt wurde, sondern jenes Sein ist nichts anderes als die Fortsetzung eben dieser Tätigkeit
selbst, möglich gemacht durch das, was sie gerade vollbracht hat [...] *Metabolismus*.
Der ist konkret das Tun, das wir im Auge hatten, als wir eingangs von Wesen spra-
chen deren Sein ihr eigenes Werk ist" (PU, 82f).

stofflich konkret, aber der Organismus selbst ist *kein Gegenstand*, sondern ein beständiger *Prozess*[74].

"Die Zeitlichkeit, nicht der simultane Raum, ist das Medium der Formganzheit des Lebendigen; und diese Zeitlichkeit ist [...] das qualitative Element der Darstellung der Lebensform selber, sozusagen das Mittel der Verbindung ihrer Einheit mit der Vielheit ihrer Substrate - welche Verbindung in ihrem dynamischen Fortgang eben Leben ist" (PL, 152).

Aber eine Reduktion auf das Materielle ist damit noch nicht abgewiesen, der Organismus könnte immer noch ein Epiphänomen des Stoffwechsels und damit ohne diese Selbstbezüglichkeit und Teleologie sein. Wie kann nun die ontologische Wahrheit der These von Jonas von einer phänomenalen quasi-teleologischen Aussage unterschieden werden? Nicht von außen. Entscheidendes Kriterium kann für Jonas nur sein, dass der Mensch selbst lebendig ist und über einen lebendigen Körper verfügt, der es ihm ermöglicht, Rückschlüsse auch auf andere Lebewesen zu ziehen. Nur mittels "Interpolation" der eigenen bewussten Innerlichkeit werden lebendige Wesen eben als lebend begriffen.

"Der Beobachter des Lebens muß vorbereitet sein durch das Leben. M.a.W., organisches Sein mit seiner eigenen Erfahrung ist von ihm selbst erfordert, damit er imstande sei, jene 'Folgerung' zu ziehen, die er de facto ständig zieht, und dies ist der Vorzug [...] dessen, daß wir einen Leib haben, d.h. Leib sind" (PL, 155).

---

[74] "Das heißt, der Organismus ist ein Prozeß, er ist gar kein Ding, gar kein Gegenstand. Die Identität eines lebenden Wesens reitet auf dem Wellenkamm eines ständigen Austausches. Das, woraus dieses Sein besteht bleibt niemals dasselbe. Und trotzdem gibt es eine Identität des Vollzuges, eine Kontinuität des Prozesses, in der das Subjekt dasselbe bleibt" (EV, 102f).

Hans Jonas

Die *Freiheit der Form* durch den Stoffwechsel erweist sich in der weiteren Betrachtung als dialektisch. Das Vermögen, den Stoff zu wechseln, ist verbunden mit der Notwendigkeit, dies auch tun zu müssen, um sich selbst weiter erhalten zu können. Dies ist für Jonas die Antinomie der Freiheit. Es handelt sich um eine Freiheit des Tuns, nicht des Unterlassenkönnens. "Könnend, was er kann, kann er doch nicht, solange er ist, *nicht* tun, was er kann" (PL, 158). Durch diese Angewiesenheit auf den Stoff der ihn umgebenden Welt erfolgt für jeden Organismus auch die Hinwendung zu dieser Welt. In der Notwendigkeit des Stoffwechsels liegt die Bedingung der "Offenheit für die Begegnung äußerer Wirklichkeit" und damit weist der Organismus immer schon über sich selbst hinaus, darin begründet sich seine Fähigkeit der Erfahrung von Welt. Es ist diese Transzendenz der Bedürftigkeit des Lebens, das *Bedürfnis*, welches die *Voraussetzung der Intentionalität* allen Lebens gewährleistet[75]. Gekoppelt ist die Identität des Organismus für Jonas an die Innerlichkeit eines bestimmten, selbst infinitesimalen Grades des "Gewahrseins", des Interesses des Organismus am eigenen Dasein und Fortgang[76]. Wie Organe zu ihrer Leistung, haben für Jonas Organismen zu ihrem Leben einen echten teleologischen Bezug. Gewährleistet wird dieser Bezug durch die "Transzendenz des Mangels"[77], die neben der inneren I-

---

[75] "Die Angewiesenheit verweist auf das Feld ihrer möglichen Erfüllungen und stiftet so die Intentionalität als einen Grundcharakter allen Lebens" (PL, 160).

[76] Dies impliziert bei jeder Art von Leben eine wenn auch noch so rudimentäre Form von "Gedächtnis". Zudem wird deutlich, dass die "Zielstrebigkeit, wenn auch noch so blinde, [...] einen transmateriellen, quasi-mentalen Aspekt an sich [hat]" (PU, 124).

[77] Welche Implikationen dieser Begriff sonst noch hat und in welchem Verhältnis er zur "Transzendenz" von Martin Heidegger steht, ist anderen Untersuchungen vorbehalten. An dieser Stelle genügt der Hinweis darauf, dass diese Transzendenz jene ontologische Voraussetzung bezeichnet, die Jonas zur Erklärung des teleologischen Verhältnisses des Lebendigen braucht. Es ist dieses Etwas, das die Antizipation des Ergebnisses in allen Organismen gewährleisten muss und im weiteren für die Entwicklung der Innerlichkeit und Gefühle verantwortlich ist. Die einzige Möglichkeit eines positiven Aufweises der Richtigkeit dieser metapyhsischen Konstruktion ist für Jonas die eigene (menschliche) Innerlichkeit und Körperlichkeit.
"Kraft der unmittelbaren Zeugenschaft unseres Körpers können wir sagen, was kein körperloser Zuschauer zu sagen imstande wäre: [...] daß es nämlich selbst-zentrierte Individualität ist, für sich seiend und in Gegenstellung gegen alle übrige Welt, mit ei-

dentität[78] des Organismus auch dessen Beziehung nach außen gewährleistet. Ohne einen Bezug des Auges zum Sehen wäre seine Konstruktion, so vollständig die physikalisch-chemische Analyse und Darlegung der mit der Stimulierung verbundenen Vorgänge auch sein mögen, nicht sinnvoll erklärt. Genauso verhält es sich mit dem Bezug der Organismen zum Leben. Für Jonas heißt das konsequent, dass es keinen Organismus ohne Teleologie und keine Teleologie ohne Innerlichkeit geben kann - und dass Leben nur von Leben wirklich erkannt werden kann.

"Das ist die Wurzel der teleologischen oder finalistischen Natur des Lebens: 'Zweckhaftigkeit' ist in erster Linie ein dynamischer Charakter einer gewissen Weise zu sein, zusammenfallend mit der Freiheit und Identität der Form relativ zum Stoff, und erst in zweiter Linie ein Faktum der Struktur oder physischen Organisation, wie es im zweckdienlichen Verhältnis der organischen Teile ('Organe') zum Ganzen und in der funktionellen Tauglichkeit des Organismus überhaupt vorliegt" (PL, 163).

2.1.3   Organismus, Freiheit und Individualität

Wahrnehmung ist ein unabdingbarer Aspekt lebendigen Seins. Die Empfindlichkeit für Reize kommt bereits in der einfachsten Zelle vor. Für Jonas treten die wesentlichen Grundeigenarten des Organischen jedoch erst im Dasein tierischen Lebens ins volle Licht, denn Tiere zeichnen sich durch *Wahrnehmung* und *Bewegungsfähigkeit* aus. Das gleichzeitige Auftreten von Wahrnehmung und Bewegung schlagen ein neues Kapitel in der Geschichte des Lebens auf, denn Tiere verwandeln damit den sie umgebenden

---

ner wesentlichen Grenze zwischen Innen und Außen - trotz, ja auf der Grundlage des tatsächlichen Austauschs" (PL, 149).

[78] "*Selbst*identität also, beim toten Sein ein bloß logisches Attribut, dessen Aussage nicht über eine Tautologie hinausgeht, ist beim lebenden ein ontologisch gehaltvoller, in eigener Funktion der stofflichen Andersheit gegenüber ständig *geleisteter* Charakter" (PU, 22).

Hans Jonas

Raum in eine neue Dimension der Freiheit[79]. "Wirklicher Weltbezug entsteht erst mit der Entwicklung spezifischer Sinne, definierter motorischer
Strukturen und eines Zentralnervensystems" (PL, 184). Doch nur dadurch,
dass Leben grundsätzlich sensitiv ist, kann das Tier auch aktiv werden.

Ausgangsbedingung der Lebensentwicklung ist eine Umwelt, die an den
Organismus angrenzt. Umwelt ist auf dieser Stufe nichts weiter als das
unmittelbar Umgebende. Durch chemische Prozesse sind die Austausch-
vorgänge des Stoffwechsels noch direkt möglich, d.h. Umwelt und Selbst
bilden anfangs einen engen funktionalen und beständigen Zusammenhang.
"Diese Situation stofflicher Angrenzung besagt auch Stetigkeit des Aus-
tauschprozesses und damit Unmittelbarkeit der Befriedigung einhergehend
mit dem ständigen organischen Bedarf" (PL, 188). Anders als bei Pflanzen
haben relevante Objekte für Tiere immer einen Abstand[80]. Dadurch bedingt
sich auch eine Distanz der Zeit zum Objekt. Beide Abstände müssen überbrückt werden, was im tierischen Leben durch eine Parallelentwicklung geschah: die Erschließung des Raumes durch Fernwahrnehmung und Bewegung (Motilität) und die Erschließung der Distanz in der Zeit durch die
Entstehung von Gefühl (Emotionalität).

"Um [...] das enfernt Wahrgenommene als Ziel zu erleben und seine
Zielqualität lebendig zu erhalten, so daß die Bewegung über die
notwendige Spanne von Anstrengung und Zeit fortgetragen wird,

---

[79] Freiheit als Grundeigenschaft eines jeden Organismus will Jonas bewusst von menta-
len Konnotationen fernhalten. Freiheit ist für ihn die Bezeichnung jenes *objektiv fest-
stellbaren Seinsmodus*, der Lebendiges von Unbelebtem trennt, der "dem Organischen
per se zukommt und insofern von allen Mitgliedern, aber keinem Nichtmitglied, der
Klasse 'Organismus' geteilt wird" (PU, 13). Es ist die Freiheit der "Form" gegenüber
dem "Stoff".

[80] Die (relative) Unabhängigkeit durch osmotische Absorption der benötigten Nährstoffe
macht die Pflanze in einem gewissen Sinn den Tieren überlegen. Tiere benötigen zusätzlich zur Unsicherheit künftiger Nahrungsaufnahme auch noch mechanische
Hilfsmittel vor dem direkten chemischen Stadium metabolischer Aneignung. Allein
durch die Entwicklung von Tieren kann für Jonas die (relative) Unabhängigkeit eines
Organismus, wie z.B. bei der Pflanze gegeben, nicht der letzte Lebenswert sein.

dazu ist das Verlangen erfordert - und somit ist die Entwicklung des Gefühls im Spiel [...] Derart repräsentiert das Verlangen den Zeitaspekt der gleichen Situation, deren Raumaspekt die Wahrnehmung darstellt. In beiden Hinsichten wird Abstand erschlossen und überbrückt: Die Wahrnehmung bietet das Objekt als 'nicht hier, aber dort drüben' dar; das Verlangen bietet das Ziel als 'noch nicht, aber zu erwarten' dar" (PL, 187).

Durch das Gefühl entsteht die zeitliche Dimension der Innerlichkeit und mit ihm spannen sich im lebendigen und sich bewegenden Organismus nun zwei verschiedene Horizonte auf: äußerlich der Raum, das mitgegenwärtige Andere, und innerlich der Horizont der Zeit, die nächstbevorstehende Phase. Alle durch Wahrnehmung veranlassten Bewegungen werden nun zur Qualität "gefühlter Selbstheit", denn Sinnlichkeit, Gefühl und Bewegungsvermögen sind die neuen Qualitäten des "Prinzips der Mittelbarkeit", der "Abständigkeit" tierischen Seins von der unmittelbaren Einbettung in das sie umgebende Sein.

"Ohne die Spannung des Abstandes und den durch ihn erzwungenen Aufschub gäbe es keinen Anlaß für Verlangen oder Emotion überhaupt. Das große Geheimnis tierischen Lebens liegt genau in der Lücke, die es zwischen unmittelbarem Anliegen und mittelbarer Befriedigung offenzuhalten vermag, d.h. in dem Verlust an Unmittelbarkeit, dem der Gewinn an Spielraum entspricht" (PL, 187).

Als Folgeerscheinung der "Lücken in Raum und Zeit", die das Tier zu seiner Erhaltung schließen muss, erfolgt schließlich die Ablösung des Handelns von seinem unmittelbaren Zweck, oder "das Phänomen mittelbarer Tätigkeit". Dies ist für Jonas ein Handeln, das dem ursprünglichen Zweck der Aufrechterhaltung des Metabolismus zwar noch dient, von diesem im Grade der Freiheit jedoch unterschieden ist[81]. Mittelbare Tätigkeiten voll-

---

[81] "Die Schließung der 'Lücke' in Raum und Zeit geschieht durch das einzigartig tierische Phänomen mittelbarer Tätigkeit, d.h. vom Zweck selbst unterschiedenen *Handelns*. Die typische Pflanzentätigkeit ist Teil des metabolischen Prozesses selber. In den

ziehen Tiere zwar auf der Basis von vorhergegangenem Metabolismus (Nahrung), doch um diese Nahrung gewinnen zu können, muss eine frei verausgabbare Leistung für die Zukunft zur Verfügung stehen. Mittelbare Tätigkeit ist für Tiere in einem neuen Sinn also dadurch möglich, dass sie frei über ihre Reserven der Ernährung verfügen können. Damit sind sie zugleich verstärkt dem Risiko des Misslingens ausgesetzt[82]. "Die nach außen gerichtete Bewegung ist eine Ausgabe, die erst durch den schließlichen Erfolg wiedereingebracht wird" (PL, 191). Überleben wird jetzt eine Sache des Verhaltens in einzelnen Aktionen, statt durch organisches Funktionieren an sich gesichert zu sein. Mittelbarkeit erzeugt das vereinzelte Individuum, das sich der Welt entgegenstellt, die für es zugleich einladend und bedrohend ist. Die sich damit entwickelnde Innerlichkeit transzendiert sich umso mehr, je entschiedener die Vereinzelung ist, aber zugleich zeigt sich, dass

> "je entschiedener die Individualität, also die Vereinzelung, sich im Fortschritt der Lebensformen herausbildet, um so mehr und im gleichen Verhältnis [...] der Radius seiner möglichen Kontakte, in Ausdehnung und Mannigfaltigkeit [wächst]; d.h. also, gerade je zentralisierter und punktueller das Lebens-Ich, um so weiter seine Peripherie, und vice versa, je eingebetteter noch im Naturganzen, je unbestimmter in seiner Differenz und je verwischter in seiner Zentralität, desto kleiner seine Peripherie von Weltkontakten" (PL, 182).

Bewegungen der Tiere liegt dagegen eine Tätigkeit vor, die [...] selbst [...] eine von der anhaltenden vegetativen Aktivität abgezweigte und frei verausgabte Leistung ist [...] Es ist äußere Aktion, die der inneren Aktion des vegetativen Systems übergelegt und in bezug auf dieses parasitär ist: Nur ihre Ergebnisse sind bestimmt, jene primären Funktionen weiterhin zu sichern" (PU, 31).

[82] Die organische Form nimmt gegenüber ihrem Stoff von Anfang an ein "transitorisches Verhältnis" ein, d.h. die "prekäre" und "widerrufliche Dauer", die "Hinfälligkeit" der eigenen Existenz, die als Form selbst ein funktionalistisches Erzeugnis - und damit nicht dauerhaft beständig - ist, steht durch die Notwendigkeit, sich jeden Augenblick neu konstituieren zu müssen, von "Anfang an im Zeichen der Vergänglichkeit, der Vernichtbarkeit und des Todes" (PL, 183). Bei Tieren tritt dies nur deutlicher zu Tage, da sie zusätzlich die feste Einbindung und Integration in ihre Umgebung aufgeben - und damit neue Freiheiten gewinnen.

Mittelbare Aktivität erfordert individuelle Leistung[83], "Wachheit und Bemühung", und der Pein der Versagung des Erfolgs entspricht die Lust beim Erreichen des Ziels. Mit der Zwillingsmöglichkeit von Lust und Leid als sich notwendig ergänzende Komplemente geht einher, dass die "Mittel" des Überlebens wie Wahrnehmung und Gefühl nicht mehr nur Mittel sind, sondern (zunehmend) auch als Qualitäten des zu erhaltenden Lebens auftreten, Aspekte des Zwecks der eigenen Erhaltung werden. Tierisches Sein ist damit seinem Wesen nach leidenschaftliches Sein und nicht die Fortdauer als solche, sondern die Fortdauer der neugewonnen Qualitäten werden zum Ziel. Weil Lebewesen als Vollzieher ihrer eigenen Zwecke selbstzwecklich sind, ist der Maßstab reinen Überlebens für die Bewertung von Leben unzureichend. Je höher entwickelt, desto subjektiver zeigt sich diese Selbstzwecklichkeit - bis hin zum Menschen[84].

"Das fühlende Tier strebt danach, sich als fühlendes, nicht bloß metabolisierendes Wesen zu erhalten, d.h. es strebt danach, diese Aktivität des Fühlens als solche fortzusetzen: das wahrnehmende Tier strebt danach, sich als wahrnehmendes Wesen zu erhalten [...] Ohne

---

[83] Zur mittelbar aktiven Seite von Tieren gehört auch die darstellende Aktivität. Diese ist für das Erkennen von Leben als Leben - für Jonas - sogar eine entscheidende Vorraussetzung, denn "der rezeptiven Leistung der Wahrnehmung entspricht, sie ermöglichend, die spontane Leistung des Ausdrucks. Vielleicht ist sie sogar das primäre Phänomen. Tierisches Leben ist ausdrucksvoll, ja ausdrucksbeflissen. Es stellt sich dar - es hat seine Mimik, seine Sprache: Es teilt sich mit. Ganze Rituale der Positur und Geste und mimischen Bewegung stehen im Dienst des Signals vor der Handlung - oder anstelle der Handlung, sie ersparend, wenn es sich nämlich um Warnung handelte" (PU, 62).

[84] "Daß das Lebewesen sein eigener Zweck ist, besagt noch nicht, daß es sich Zwecke *setzen* kann: es 'hat' sie, im Dienste des ungewählten Selbstzwecks, von Natur. Irgendwelche Mitbedienung der Zwecke anderer Wesen, selbst der eigenen Brut, ist nur mittelbar und erbbedingt in die Verfolgung des Selbstzwecks eingeschlossen: die vitalen Zwecke sind selbstisch vom Standpunkt des Subjekts [...] Erst die menschliche Freiheit erlaubt Setzung und Wahl von Zwecken, und damit die willentliche Einbeziehung anderer Zwecke in die unmittelbar eigenen, bis hin zu ihrer völligen und hingebungsvollsten An-Eignung" (PV, Fußnote 2, Kap. 4, 398).

Hans Jonas

diese Vermögen gäbe es viel weniger zu erhalten, und dieses Weniger von dem, *was* zu erhalten ist, ist das gleiche Weniger, *womit* es erhalten wird" (PL, 193).

2.1.4   Das Transanimalische im Menschen

Kurz lässt sich Jonas Konzeption des Lebendigen noch einmal so zusammenfassen:

1. Leben ist eine vermittelte Identität und Kontinuität in der Zeit (ermöglicht durch die Transzendenz des Stoffwechsels).

2. Sensitivität gehört zur Grundausstattung des Lebens und ist bereits bei Einzellern zu beobachten.

3. Tiere sind einen entscheidenden Schritt über die relative Unmittelbarkeit vegetativer Existenz von Pflanzen hinaus, denn ihre Mittelbarkeit weist drei Aspekte auf: Bewegung, Wahrnehmung und Emotion.

4. Diese drei Aspekte implizieren bei Tieren Distanz, welche die bloße Umgebung durch "Welt" ersetzt.

5. Diese Welt konfrontiert "das Subjekt mit konkreten, in-sich-beschlossenen Gegenständen, während die Pflanzen-Umwelt aus anliegenden Stoffen und auftreffenden Kräften besteht" (PL, 305).

6. Die nun auftretenden tierischen Erfahrungen von Lust und Schmerz sind für Jonas klare Anzeichen für die Wert- und Zweckhaftigkeit (Teleologie) tierischer Tätigkeiten.

Dass Wahrnehmung an sich genussreich wird und den Status einer eigenen Erfahrung bekommt, die um ihrer selbst willen gesucht wird, findet sich bei Tieren jedoch scheinbar noch nicht. Diese neue Mittelbarkeit entsteht nun beim Menschen durch die Zwischenschaltung eines abstrahierenden und geistig manipulierbaren *Eidos*. Dass Menschen physisch zum Tierreich gehören und am Animalischen[85] teilhaben, wurde nicht erst seit Darwin dem Denken aufgedrängt[86], "sondern war schon Aristoteles so geläufig wie Linne'" (PU, 34). Die Anerkennung dieser Gemeinsamkeit hat jedoch nie verhindert, dem Menschen einen besonderen Status zuzuerkennen und damit ein Transanimalisches in ihm auszumachen. Bei Aristoteles war eine dieser Eigenschaften die Sprache, im biblischen Kontext war es das Unterscheidungsvermögen von Gut und Böse, was Sprache und Vernunft zwar voraussetzt, sich jedoch nicht darin erschöpft. Erklärung und Herkunft der (geistigen) Besonderheiten des Menschen dürfen für Jonas jedoch nicht mit der Erkenntnis ihres Wesens, "die Kriterien der Werdebegünstigung [nicht] mit dem Gehalt des Gewordenen" (PU, 35) verwechselt werden.

> "Unerklärt bleibt der enorme Überschuß des so Hervorgegangenen über den erklärenden Zweck [über die Lebensdienlichkeit im Rahmen der Evolutionstheorie hinaus], der Luxus seiner höchst eigenmächtigen selbsterzeugten Zwecke, die gar nicht mehr biologisch sind" (PU, 35).

Es bleibt einer philosophischen Anthropologie vorbehalten, das wesenhaft Transanimalische *ohne Verleugnung* des Animalischen zu untersuchen[87]. Für Jonas beginnt mit der Entwicklung der neuen Dimension der *repräsentativen Imagination*, der Darstellung der *Ansicht* bzw. der *Ähnlichkeit* eines Gegens-

---

[85] "'*Animal*' im griechischen Sinne bedeutet nicht Tier = *bestia*, sondern jedes 'beseelte' (= lebende) Wesen', mit Ausschluß der Pflanzen, aber mit Einschluß der Dämonen, Götter, der beseelten Gestirne, ja des beseelten Universums als des größten und vollkommensten Lebewesens selbst" (PL, 364, Fußnote 13). In diese Kategorie eingeordnet zu werden war deshalb zu jener Zeit für die Menschen eine Auszeichnung.

[86] Der philosophische Schock dieser Theorie zur Zeit der Veröffentlichung bestand für Jonas darin, dass "mit dieser immanenten Herkunftserklärung nach rein biologischen Spielregeln, die keiner Intervention eines neuen Prinzips bedurften, die letzte Heimstätte aller vormals vermeinten Transzendenz vom allmächtigen Monismus einer absichtslos-mechanischen Natur verschlungen wurde" (PU, 35).

[87] Hans Jonas stellt seine Anthropologie ausführlich in PL, 267 - 310 und PU, 34 - 49 dar. Die Lektüre sei zum genaueren Verständnis des im Folgenden sehr gekürzten Gedankenganges besonders empfohlen.

tandes *als Ähnlichkeit* im *Bild*, und damit Lösung aus einem unmittelbaren Zusammenhang, im Menschen eine neue Stufe der Mittelbarkeit. Das Bild zeugt vom transanimalisch Einzigartigen am Menschen auf zweierlei Weise: Die Sprache entwickelt sich parallel zum Bild und stellt demgegenüber eine "Abkürzung" des vollen Prozesses von Bild und Wiedergabe dar. Aus dem inneren Vorstellungsvermögen kann der Mensch nicht nur Bilder reproduzieren, sondern auch in neuen Verbindungen, z.B. Werkzeugen, zielgerichtet als *veräußerlichte Erinnerung* herstellen. Dies zeigt zugleich die (neue) Qualität des Transanimalischen: "Eidetische Kontrolle der Motilität, d.h. Muskeltätigkeit, regiert nicht von festen Reiz-Reaktionsschemata, sondern von frei gewählter, innerlich imaginierter und vorsätzlich projizierter Form" (PU, 43). Hinzu kommt jedoch eine dritte Dimension des Transanimalischen: im Gräberkult das Wissen des Menschen um seine eigene Sterblichkeit[88]. Im Wissen um seine Sterblichkeit kann der Mensch nicht leben ohne ein Selbstverständnis von sich selbst. Zum ersten Mal wird damit der Mensch sich selbst zum Gegenstand des Denkens und *Reflexion* tritt als neuer Modus der Mittelbarkeit auf.

"*Quaestio mihi factus sum,* 'ich bin mir selbst zur Frage geworden': Religion, Ethik und Metaphysik sind nie vollendete Versuche, dieser Frage im Horizont der Auslegung des Seinsganzen zu begegnen und eine Antwort zu verschaffen [...] unsere [Kultur] legt heute den größten Nachdruck auf das, was im Werkzeug sich ankündigte: Technik und die ihr dienende Naturwissenschaft [...] Vergessen wir darüber nicht, daß die anderen transanimalischen, fortschrittsfremderen Horizonte - auch die heute verschriene Metaphysik - mit zur Ganzheit des Menschen gehören" (PU, 47-49).

---

[88] "Der Mensch allein unter allen Geschöpfen weiß, daß er sterben muß, er allein betrauert seine Toten, bestattet seine Toten, gedenkt seiner Toten. So sehr wurde Sterblichkeit als Kennzeichen der *conditio humana* angesehen, daß das Attribut 'sterblich' beinah für den Menschen monopolisiert wurde" (PU, 81).

2.1.5   Naturwirklichkeit, Zweck und Wert

Subjektivität und Innerlichkeit der Organismen sind, durch die damit verbundenen Interessen, Zwecke und Ziele, ein ontologisch wesentliches Da-
tum im Sein. Sie sagen für Jonas deshalb auch etwas über die Natur als
Ganzes aus, denn "das Sein, oder die Natur, ist eines und legt Zeugnis ab in
dem, was es aus sich hervorgehen *läßt*" (PV, 136). Der sich im Fühlen eröff-
nende Innenhorizont ist, aufgrund seiner andersartigen Dimensionalität,
nicht in den Daten der Genese organischer Systeme enthalten und muss
dennoch *zusammen* mit ihren materiellen Bedingungen, nicht nur nebenein-
ander, interdependent und interagierend *an der Materie* existieren, denn ein
psychischer Aspekt verbleibt jedem Streben, wenngleich dieser nicht
gleichbedeutend mit Bewusstheit und Selbstheit sein muss[89]. Mindestens
was die innerliche Seite anbelangt, ist sie unzertrennlich von der materiellen Gegebenheit, denn es kann für Jonas keinen körperlosen Geist geben[90].
Es muss also eine ursprünglich "Begabung" der Materie mit der Möglichkeit eventueller Innerlichkeit geben, d.h. der Materie kann die Subjektivität
(als Potenz) durch das Zeugnis des Lebens nicht gänzlich fremd sein[91]. Dies
kann jedoch keine Begabung bereits mit Innerlichkeit oder auch nur des Be-
reitseins dafür sein, eher gleicht es für Jonas einem Drang zur Entwicklung,

---

[89] "Eines haben dumpfstes Fühlen und hellstes Denken gemein: die Subjektivität, und so
ist schon das Auftreten der Innerlichkeit als solcher und ihre ganze tierische Entwicklung als Anbahnung des Geistes anzusehen [...] Es ist ein Über-sich-Hinauswollen,
doch braucht es nicht mit 'Wissen' verbunden zu sein, gewiß nicht mit Vorauswissen
und Zielvorstellung" (PU, 246 u. PV, 143).

[90] "Denn nicht nur die faktische und kausale Leib-Seele-Verhaftung, sondern mehr noch
der Gehalt des Seelenlebens selber - Wahrnehmung, Fühlen, Begehren, Lust und
Schmerz und das Hineinreichen der Sinnlichkeit (in Bildern und Tönen) bis in die
reinsten Regionen des Denkens - widersetzt sich einer Entflechtung, ja macht ein von
alledem 'gereinigtes' Bewußtsein ('reinen Geist') und damit jede körperlose Existenz
der Seele *unvorstellbar*" (PU, 218).

[91] "Das Leben ist Selbstzweck, d.h. aktiv sich wollender und verfolgender Zweck; und
die Zweckhaftigkeit als solche [...] kann sehr wohl ihrerseits als Zweck [...] angesehen
werden. Das hieße: Materie ist Subjektivität von Anfang an in der Latenz, selbst wenn
Äonen und dazu noch seltenstes Glück für die Aktualisierung dieses Potentials nötig
sind. Soviel an 'Teleologie' läßt sich dem vitalen Zeugnis allein entnehmen" (PU, 221).

Hans Jonas

einer Zieldisposition zur Herausbildung von Zwecken[92]. Damit kann man
aber gleichzeitig sagen, dass die Natur mit der Hervorbringung des Lebens
wenigstens *einen* bestimmten Zweck kundgibt, nämlich das Leben selbst.
"Wenn aber [...] das 'Zwecksein' selber der Grundzweck wäre, gleichsam
der Zweck aller Zwecke, dann allerdings wäre das Leben, in welchem
Zweck frei wird, eine erlesene Form, *diesem* Zweck zur Erfüllung zu verhelfen" (PV, 143).

Im Folgenden ist nun das Verhältnis von Zweck und Wert, genauer die Anerkennung von Werten (als Zwecke) zu klären, denn die Anerkennung der
Feststellung, dass dies ein Zweck von x sei, involviert zunächst noch kein
Urteil seiner Anerkennung (als gut oder schlecht). Aber zumindest ist damit die Anerkennung dessen, dass es ein *Wert für* die entsprechenden *Dinge*
ist, vollzogen. Damit sind nun in den Augen von Jonas doch *Werturteile* getroffen, die zwar nicht auf individuellen Wertentscheidungen oder Zielset-
zungen beruhen, aber auf dem Verständnis des Seins der betreffenden Dinge[93], falls diese richtig erfasst und beschrieben wurden.

"Derart können wir also den Begriff eines spezifischen 'gut' und seines Gegenteils und der Grade dazwischen für verschiedene Dinge
und Dingzusammenhänge bilden: *vorausgesetzt*, daß - und in dem
Maße wie - wir 'Zwecke' wirklich in den Dingen selbst, als ihrer Na-

---

[92] Das Hervorgehen lassen der Subjektivität aus der Materie muss genauso aus ihrem
Wesen begründbar sein, wie "das Hervorgehen jedweder sonstigen Wirkung - und da
dies aus ihren physikalisch definierten Eigenschaften notorisch nicht möglich ist,
[kann] ihr physikalischer Begriff nicht ihr ganzer sein [...] und [muß] 'Materie' hier
(für die man dann besser 'Substanz' sagt) etwas anderes und mehr bedeuten [...], als
was der im Gegensatz zum Geiste konzipierte Kunstbegriff der naturwissenschaftlichen Materie (als bloßer *res extensa*) besagt; daß wir für dieses Mehr, das gerade der
materialistische *Monismus* fordert, noch gar keinen Begriff haben und daher auch von
den 'Naturgesetzen' nur einen unvollständigen Auszug" (MOS, 45).
[93] Im *Wertverstehen* geht für Jonas dann auch das *Erkennen* in die *Anerkennung eines Anspruchs* des Erkannten an den Menschen über. Zu diesem Übertritt vom Ist zum Soll,
von "der geschauten Qualität zum gehörten Gebot", tritt beim Menschen nochmals die
moralische Freiheit der Beachtung hinzu. Vgl. dazu: PU, 224.

tur zueigen, wahrnehmen können. Es ist das 'Gute' nach dem Maß
der Tauglichkeit für einen Zweck (dessen Gutsein selber nicht beur-
teilt ist) also relativer Wert für etwas" (PV, 106).

Darum ist es für Jonas so wichtig, den Naturbegriff auf Zwecke hin zu untersuchen und diese darin zu verorten. Das erwiesene Vorkommen von
Zwecken in der Natur alleine ist bereits hinreichend, zu Werturteilen zu
kommen. Zur wirklichen, obligatorischen Bejahung ist jedoch ein Begriff
des Guten unerlässlich, der mit dem des Wertes nicht identisch ist. Dieses
Verhältnis von Gut und Sein kann nur eine adäquate Wertlehre und Ethik
zu begründen hoffen.

2.2   Das Prinzip Verantwortung

Das Bedürfnis ist für Jonas diejenige Eigenschaft des Organischen, die einzig dem Leben zukommt. Mit dem Bedürfnis kommt das Fühlen als primäre Bedingung dafür in die Welt, dass etwas der Mühe wert sein kann. "Die
bloße Anwesenheit eines Fühlens, was immer sein Was oder Wie sei, ist
seiner totalen Abwesenheit unendlich überlegen. Daher ist die Fähigkeit zu
fühlen, wie sie in Organismen anhub, *der Ur-Wert aller Werte*" (PU, 88f, Hervorhebung durch A.R.). Die subjektive Innerlichkeit fühlenden Bewusst-
seins wird als *Mittel* des Überlebens (Selektionsvorteil) über die instrumentelle Tauglichkeit hinaus als *Zweck an sich selbst* existent, als neue *Qualität*
des zu erhaltenden Lebens. Bedürftiges Streben bei der Güterwahl (Interesse) stellt damit die Basis jeden moralischen Handelns dar, bietet für sich alleine jedoch noch keine Gewähr für ein solches. In der ethischen Verantwortung beim Menschen muss zusätzlich die Vernunft, insbesondere in der
Form, sich selbst zum Objekt machen zu können, hinzukommen. Moral
und Subjektivität bleiben dabei immer an die Leiblichkeit, und damit an
organische Zwecke, zurückgebunden, denn diese sind absolute Vorausset-

Hans Jonas

zung derselben[94]. Als Quelle eines Sollens haben Werte in den modernen Naturwissenschaften keine Bedeutung, da sie nur durch ihre "minimalistische Ontologie"[95] so erfolgreich sein können. Damit stellen sie nur eine sehr selektive und reduzierte Seinslehre dar, die auf Fragen der Verantwortbarkeit ihrer eigenen Konstrukte und Produkte (in Form der modernen Technik), die überhaupt erst die Grundlage des enormen ethischen Konfliktpotenzials der Zukunft darstellen, keine Antwort geben kann. Eine Antwort darauf muss es für Jonas jedoch geben, weil es um die "ganze Zukunft des Menschen" auf dieser Erde geht - sie kann für ihn deshalb nur ontologisch begründet werden.

2.2.1   Natur und Zweck, das Sollen und die Verantwortung

Indem die Natur Zwecke unterhält bzw. Ziele hat, setzt sie auch Werte. Welch ein konkreter Zweck auch immer gegeben ist, de facto bedeutet das Erreichen jeden Strebens ein Gut, sein Nichterreichen ein Übel[96].

---

[94] "Und nun ist es eine Tatsache, daß die Interessen - die der Selbsterhaltung und der unmittelbaren Befriedigung der eigenen Bedürfnisse - immer an erster Stelle kommen. Schon deswegen, weil sie die Bedingung der Möglichkeit für alles andere sind. Ohne zu essen und zu atmen, also unaufhörlich für sich selbst etwas der Natur zu entnehmen, ohne die Tatsache des Stoffwechsels, deren Grundforderungen erfüllt sein müssen, ist nichts weiter möglich für lebendige, für organische Wesen" (BE, 30).

[95] Die Ontologie der physikalisch-kausal geschlossenen Welt der Wirkursächlichkeit, die sich aus dem Prinzip "quantitativer Äquivalenz" und "Konstanz" ergibt. Methodologisch völlig gerechtfertigt führt es für Jonas als "ontologischer Entscheid" der Aussagen über die Natur dazu, dass das Phänomen des menschlichen Geistes keinerlei Wirksamkeit mehr haben kann und sich deshalb in der Konsequenz als "Epiphänomen" der materiellen Welt erweist. Vgl. dazu insbesondere die bemerkenswerte kleine Studie MOS.

[96] Für einen bestimmten Zweck gilt also nach Jonas, dass zuerst die *Faktizität* dieses Zweckes vorhanden ist. Daraus erst folgt dann - in seiner (Nicht-) Erfüllung - die *Geltung* von *gut* oder *schlecht*, sie ist in diesem Fall bezüglich (relativ) zum Zweck bestimmt.

Hans Jonas

"Handeln als solches (tierisches darunter) ist geleitet von Zwecken, auch vor aller Wahl, da elementare Zwecke - und das Zweckhaben als solches - uns durch die Bedürftigkeit unserer Natur eingepflanzt sind. Und durch die Begleitung der Lust werden sie auch subjektiv 'wertvoll'" (PV, Fußnote 3, Kap. 4, 398).

Mit dieser Unterscheidungsmöglichkeit beginnt für Jonas die Zusprechbarkeit von Wert, wobei noch kein Urteil über die Güte des Zieles (Zwecks) selbst möglich ist und über das reine Interesse hinaus noch keine Verpflichtung abzuleiten, denn Wert in diesem Sinn ist zunächst nur *instrumentell*, er ist *für etwas* von Bedeutung, das sein Streben auf Erreichung desselben ausrichtet, besitzt also noch nicht *als etwas* Wert. Wie ergibt sich nun aus diesem (sich selbst und seine Zwecke) Wollen für den Menschen ein Sollen, d.h. ein moralischer Anspruch? Was könnte den Menschen verpflichten, die "Werturteile" der Natur zu teilen?

Im Bereich menschlichen Handelns kann noch einmal nach *subjektiv* und *wirklich* der Mühe wert unterschieden werden. Letzteres postuliert für Jonas den Unterschied, dass der Gegenstand der Mühe unabhängig von der individuellen Neigung gut ist. Und genau diese Eigenschaft macht einen Gegenstand zu einer Quelle des Sollens. Umgekehrt bedeutet das, dass das Gute nicht einfach nur mit dem Erstrebten zusammenfallen kann. Wie verhält sich das nun in Bezug auf die Natur? In der Fähigkeit, überhaupt Zwecke zu haben, kann man nach Jonas ein *Gut-an-sich* sehen, von dem intuitiv gewiss ist, dass es aller Zwecklosigkeit unendlich überlegen ist. Indem Lebewesen Zwecke in der Natur dadurch verraten, dass sie sich selbst bejahen und damit ihrer eigenen Existenz nicht indifferent gegenüber stehen, kommt ihnen (und der Natur im weiteren) ein *ontologischer Grundwert* unabhängig vom konkreten Streben zu. Gesteigert wird dieser Wert durch die *Maximierung von Zweckhaftigkeit* in der (Höher-) Entwicklung der Organismen, d.h. dem zunehmenden Reichtum an erstrebensmöglichen Zielen. Die Überlegenheit der Zweckhaftigkeit gegenüber der Zwecklosigkeit ist dabei ein "ontologisches Axiom", das nach Jonas zwar eingesehen, aber nicht mehr weiter begründet werden kann[97]. Die "Paradoxie" echter Moral besteht für Jonas darin, "daß das Selbst über die Sache vergessen werden muß" (PV, 162), um moralisch zu handeln, d.h. dass Moralität sich nicht selbst zum Ziel haben kann. Damit kann auch nicht die Form, sondern muss der Inhalt des Handelns besondere Bedeutung haben, sein Bezug auf das unabhängig Gute, das sich in den Werten zeigt.

> "Nicht die Pflicht selbst ist der Gegenstand; nicht das Sittengesetz
> motiviert das sittliche Handeln, sondern der Appell des möglichen
> An-sich-Guten in der Welt, das meinem Willen gegenübersteht und
> Gehör verlangt - *gemäß* dem Sittengesetz. Jenem Appell Gehör zu
> geben *ist* genau, was das Sittengesetz gebietet" (PV, 162).

Moral hat für Jonas immer eine objektive und eine subjektive Seite, die Vernunft *und* das Gefühl, welche unter sich komplementär sind. Auch eine Theorie der Verantwortung muss für Jonas sowohl den rationalen Grund der Verpflichtung (das legitimierende Prinzip des moralischen Anspruchs) als auch den psychologischen Grund seiner Fähigkeit beachten. Im Gefühl findet das Verbindliche seine Verbindung zum subjektiven Willen, von dessen Seite zwar nicht die Gültigkeit, wohl aber die Wirksamkeit jedes ethischen Gebots abhängig ist[98]. "In jedem Fall, die Kluft zwischen abstrakter

---

[97] "Es läßt sich ihm nur die Lehre vom Nirvana entgegenstellen, die den Wert des Zweckhabens verneint, aber dann doch wieder den Wert der Befreiung davon bejaht und seinerseits zum Zweck macht" (PV, 154). Mit Ricken kann man hier von einem Retorsionsargument reden: "Wer die Werthaftigkeit des Zweckhabens verneint, verfolgt damit den Zweck, keinen Zweck zu haben, und bejaht damit die Werthaftigkeit des Zweckhabens" (Ricken, 1999, 4).

[98] "Worauf es ankommt, sind primär die Sachen und nicht die Zustände meines Willens. Indem sie den Willen engagieren, werden die Sachen zu Zwecken für mich [...] Das *Gesetz* als solches kann weder Ursache noch Gegenstand der Ehrfurcht sein; aber das *Sein*, erkannt in seiner Fülle oder einer Einzelerscheinung derselben [...] kann wohl Ehrfurcht erzeugen - und kann mit dieser *Affizierung unseres Gefühls* dem sonst kraftlosen Sittengesetz zuhilfe kommen [...] 'Heteronom' in diesem Sinne zu sein, nämlich sich vom rechtmäßigen Anruf wahrgenommener Entitäten bewegen zu lassen, braucht nicht dem Prinzip der Autonomie zuliebe gescheut oder geleugnet zu werden

Sanktion und konkreter Motivation muß vom Bogen des Gefühls über-
spannt werden, das allein den Willen bewegen kann. Das Phänomen der
Moralität ruht a priori auf dieser Paarung" (PV, 164). Die "Parteinahme des
Gefühls" resultiert für Jonas also nicht aus der Idee der Verantwortung,
sondern in der erkannten "selbsteigenen Güte" der Sache. "Das Erste ist das
Seinsollen des Objekts, das Zweite das Tunsollen des zur Sachwaltung be-
rufenen Subjekts" (PV, 175). Bedingung für Verantwortung ist dabei immer
die kausale Macht des Subjekts, einerseits in der Zurechnung der Folgen
einer begangenen Handlung, andererseits, und das ist das Neue der Verantwortung bei Jonas, in der Ausrichtung des Handelns auf das Wohlerge-
hen anderer Seiender.

2.2.2 Die ontologische Grundlegung einer Zukunftsethik

Was *eigenes Wollen* und das *Sollen* des Guten für andere verknüpft, ist die
kausale Macht des Menschen. *Verantwortung* resultiert für Jonas als *Funktion
der Verpflichtung* aus dieser Macht und hat bei ihm einen externen Bezug zu
Werten des Objekts der Handlung[99], nicht nur zum Subjekt. Verantwortung
im Sinne von Jonas kann nicht von herkömmlichen Rechten und Pflichten
ausgehen, weil diese auf Reziprozität gründen, d.h. der eigenen Pflicht
immer das Recht des Anderen entspricht. Anspruch kann in diesem Fall
nur das erheben, was ist, das Nichtexistierende stellt keine Ansprüche. A-

---

[...] Erst das hinzutretende *Gefühl der Verantwortung*, welches *dieses* Subjekt an dieses
Objekt bindet, wird uns seinethalben handeln machen" (PV, 170).

[99] Das einzige Beispiel, das dafür von Natur aus besteht, ist für Jonas das der Verantwortung der Eltern gegenüber Neugeborenen. Das Neugeborene stellt für ihn das Paradigma des Zusammenfalls von Sein und Sollen dar, auch ohne alle Gefühle. "Ich meine wirklich strikt, daß hier das Sein eines einfach ontisch Daseienden ein Sollen für
Andere immanent und ersichtlich beinhaltet, und es auch dann täte, wenn nicht die
Natur durch mächtige Instinkte und Gefühle diesem Sollen zuhilfe käme, ja meist das
Geschäft ganz abnähme [...] In ihm zeigt sich exemplarisch, daß der Ort der Verant-
wortung das ins Werden eingetauchte, der Vergänglichkeit anheimgegebene, vom
Verderb bedrohte Sein ist" (PV, 235 u. 242). Für eine echte Zukunftsethik reicht diese
Art nicht-reziproker Verantwortung jedoch noch nicht hin.

Hans Jonas

ber "gerade mit dem noch-nicht-Seienden hat es die gesuchte Ethik zu tun". Verantwortung stellt deshalb von Beginn an eine nicht-reziproke Relation dar und muss unabhängig von der Idee des Rechts bestehen. Nur ihr eignet die *Asymmetrie* zwischen dem aktuell Bestehenden und erst zukünftig Wirklichen, aus ihr allein kann sich der *kategorische*, nicht nur ein *hypothetischer Imperativ* ergeben, denn nicht *wenn* es in Zukunft Menschen gibt, *dann* gelten ihnen gegenüber im voraus zu beachtende Pflichten, sondern *dass* es auch in Zukunft Menschen *geben soll* lautet für Jonas der erste Imperativ einer Zukunftsethik.

> "Da sein Prinzip nun aber nicht wie beim Kantischen die Selbsteinstimmigkeit der sich Gesetze des Handelns gebenden Vernunft ist [...] so ergibt sich, daß das erste Prinzip einer 'Zukünftigkeitsethik' nicht selber *in* der Ethik liegt als einer Lehre vom Tun (wohin im übrigen alle Pflichten gegen die Zukünftigen gehören), sondern in der *Metaphysik* als einer Lehre vom Sein, wovon die Idee des Menschen ein Teil ist" (PV, 92).

Die ontologische Grundlegung muss durch einen Rekurs auf Eigenschaften, die unvermeidlich zum Sein gehören, wie z.B. der Stoffwechsel zum Organismus, geschehen. In zweierlei Hinsicht gibt nun das Sein für Jonas Kunde davon, was der Mensch ihm schuldig ist: Im *Sein des Menschen* und im *Grund des Seins* überhaupt. Der Mensch ist das einzige bekannte Wesen auf dieser Welt, das Verantwortung übernehmen kann. Bereits durch das Können hat der Mensch auch Verantwortung, denn "das Können führt mit sich das Sollen"[100]. In der Unterscheidung beim Handeln, auf dem wissentlichen Wählen zwischen verschiedenen Alternativen beruht die konkrete Ausübung der *ethischen Fähigkeit* der Verantwortung. Sie ist damit *komplementär* zum Faktum der Freiheit des Menschen, wobei die Verantwortung für Jo-

---

[100] "In diesem Sinne ist ein Sollen ganz konkret im Sein des existierenden Menschen enthalten; seine kausalfähige Subjektqualität als solche führt objektive Verbindlichkeit in der Form äußerer Verantwortung mit sich. *Damit ist er noch nicht moralisch, aber ein moralisches Wesen*, das heißt ein solches, das moralisch und unmoralisch sein kann" (PV, 185, Hervorhebung durch A.R.).

nas nicht nur für, sondern auch vor etwas verpflichtend ist. Das Wovor lei-
tet sich für ihn aus dem Wofür ab: Vor dem Sein und in dem Maße, wie
menschliches Handeln dieses betrifft und darauf einwirkt (es affiziert).

> "Das hat aber ethischen Sinn nur, wenn dies Sein etwas wert ist: ei-
> nem wert-indifferenten Sein gegenüber kann ich alles verantworten,
> und das ist dasselbe wie daß ich nichts zu verantworten brauche.
> Wenn nun [...] die Voraussetzung [...] daß Seiendes werthaltig ist,
> vorliegt, dann wird *dessen* Sein mit einem Anspruch an mich begabt
> [...] So erscheint letztlich dies Ganze als dasjenige nicht nur, *für* das
> ich jeweils partikular mit meinem Tun verantwortlich *werde*, son-
> dern auch als das, *wovor* ich immer schon mit all meinem Tunkön-
> nen verantwortlich *bin*" (PU, 131).

Das Wovor der Verantwortung ist bei Jonas der moralische Anspruch des
Seins auf dessen Wahrnehmung und (Be-) Achtung. Jeder Wert enthält für
ihn einen immanenten Anspruch auf Wirklichkeit, insofern er besagt, "daß
es besser ist, daß er *sei*, als daß er nicht sei" (PU, 132)[101]. Dem *Umfang* nach
erstreckt sich die Verantwortung menschlicher Handlungen immer auf die
Reichweite ihrer Wirkungen. Je größer und schwerwiegender die Fähigkeit
des Menschen zum Eingreifen in die Natur ist, desto weiter erstreckt sich
auch seine Verantwortung - gerade in die Zukunft. Daraus ergibt sich für
Jonas wiederum zweierlei: Erstens die Pflicht der Maximierung des Wissens um die Folgen menschlichen Tuns (Sachwissen) und zweitens die
Pflicht, im Lichte dieses Sachwissens ein *positives Wissen* vom *Guten* zu er-
werben, also ein Wissen um das, was der Mensch sein soll (Wertwissen).
Letzteres muss dem Wesen des Menschen entnommen werden, wofür im
Wesentlichen zwei Quellen zur Verfügung stehen: die Geschichte und die
Metaphysik. Über den eigentlichen Grund der Verantwortung kann für ihn
jedoch nur die Metaphysik Aufschluss geben. Ausgangspunkt dabei ist

---

[101] Jeder moralischen Handlung liegt für Jonas deshalb das "innere Recht des Gegens-
tandes" voraus. "Erst ein seinsimmanenter Anspruch kann objektiv eine Pflicht zu
seinstransitiver (vom einen Sein zum anderen gehender) Kausalität begründen. Die
Objektivität [des moralischen Anspruchs] muß wirklich vom Objekt kommen" (PV,
234).

wieder die Verantwortungsfähigkeit des Menschen. Dieses Können ist für ihn mehr als ein empirischer Befund. Es ist ein unterscheidendes und entscheidendes Wesensmerkmal in der Ausstattung des Menschen - und damit auch in der Seinsausstattung. Ebenso intuitiv erkennt man für Jonas in dieser Fähigkeit einen Wert, dessen Erscheinung nicht einfach nur die vielfältige Welt vermehrt, sondern einen Wert, der alles Bisherige "mit einem es generisch Transzendierenden" übertrifft.

"Es stellt eine qualitative Steigerung der Werthaltigkeit des Seins *überhaupt* dar, von dem wir ja sagten, daß wir letztlich *ihm* mit unserer Verantwortung verpflichtet sind. Damit wird aber Verantwortungsfähigkeit als solche, außer daß ihr Besitz zu ihrer Ausübung von Fall zu Fall mit seinen wechselnden Gegenständen des Handelns verpflichtet, selber auch *ihr eigener Gegenstand*, indem ihr Besitz auf die Fortdauer *ihrer Anwesenheit in der Welt* verpflichtet. Diese Anwesenheit ist an das Dasein derart befähigter Kreaturen gebunden. Also verpflichtet Verantwortungsfähigkeit an sich ihre jeweiligen Träger, das Dasein künftiger Träger zu ermöglichen" (PU, 137).

Die physische Existenz von Repräsentanten dieses Wertes ist erste Bedingung für die Perpetuierung von Verantwortung in die Zukunft und innerhalb der Geschichte der Menschheit. Das schließt für Jonas nicht nur das Dasein, sondern auch das Sosein künftiger Menschen mit ein, welches derart sein muss, dass die Fähigkeit zur Verantwortung nicht verlorengeht und umfasst "offenkundig" auch die Zukunft der Natur als *Conditio sine qua non* des Menschseins, denn eine Verengung auf den Menschen allein würde eine "Entmenschung" des Menschen selbst bedeuten[102]. Doch wie kann sich daraus ergeben, dass in Zukunft auch eine Menschheit sein soll? Indem es

---

[102] "In der Wahl zwischen Mensch und Natur, wie sie sich im Daseinskampf von Fall zu Fall immer wieder stellt, kommt allerdings der Mensch zuerst und die Natur, auch wenn ihre Würde zugestanden ist, muß ihm und seiner höheren Würde weichen. Oder, wenn die Idee irgendeines 'höheren' Rechtes hier bestritten wird, so geht doch, gemäß der Natur selbst, der Egoismus der Art immer voran und die Ausübung der Menschenmacht gegen die übrige Lebenswelt ist ein natürliches, aus dem Können allein begründetes Recht" (PV, 246).

nicht um konkrete Menschen in der Zukunft geht, sondern um die *ontologische Idee* des Menschen. "So sind wir denn mit diesem ersten Imperativ gar nicht den künftigen Menschen verantwortlich, sondern der Idee des Menschen, die eine solche ist, daß sie die Anwesenheit ihrer Verkörperung in der Welt fordert" (PV, 91).[103]

Wie kann der argumentative Zirkel, von der Existenz des formalen Wesens (der Verantwortungsfähigkeit) auf die Pflicht seiner Fortexistenz (die Forderung nach ihrem weiteren Erhalt) zu schließen, umgangen werden?[104] Für Jonas ist es zunächst deshalb kein tautologisch leeres Argument, weil Verantwortung in der Erfahrung *gegeben* ist und sich deshalb ihr Anspruch nicht auf eine geforderte, sondern eine faktische Existenz stützt. Einen letzten *Beweis* kann es für Jonas allerdings nicht geben, denn seine Argumentation ist an axiomatische (metaphysische) Voraussetzungen gebunden; daran, dass Verantwortungsfähigkeit an sich ein *Gut* ist, also etwas, dessen Anwesenheit seiner Abwesenheit überlegen ist, und dass es überhaupt *objektive Werte* in der Natur (im Sein) gibt. Einen Biologismus und Wertsub-

---

[103] Argumentativ wird dies in den PU durch die Fähigkeit der Ethik und Verantwortung als *Wesensmerkmal des Menschen* aufgewiesen (siehe Zitat oben). Verantwortung ist (als Idee) auch ihr eigener *ontologischer* Gegenstand, ihr Besitz verpflichtet für Jonas zugleich auf die Fortdauer ihrer Anwesenheit in der Welt und diese Anwesenheit ist an Menschen gebunden. Inwiefern dies ein schlüssiger Aufweis ist, kann im Rahmen dieser Arbeit leider nicht adäquat genug behandelt werden, *das Problem stellt jedoch die Verpflichtung zur "Fortdauer", also die Projektion in die Zukunft* (vor dem Hintergrund der ontologischen Idee des Menschen) dar.

[104] Offenkundig gibt es hier einen Übergang vom Sein zum Sollen, darauf weist Jonas selbst hin. Dass dies zunächst nur eine zirkuläre Argumentation und *kein naturalistischer Fehlschluss* ist, zeigen die ontologischen Prämissen. Der Terminus des naturalistischen Fehlschlusses stammt von G.E. Moore und bedeutet nur, dass "deontische und Wertprädikatoren nicht durch beschreibende Prädikatoren definiert werden können [...] Die deskrikptive Aussage darüber, wie wir uns entwickelt haben, läßt die normative Frage, wie wir uns verhalten sollen, offen" (Ricken [2]1989, 47ff). So berechtigt das Anliegen gegen einen naturalistischen Fehlschluss ist, deutet sich doch andererseits an, "daß die Umgangssprache 'gut' zu einem anderen Zweck als dem des Beschreibens gebraucht. Es deutet [sich] an, daß wir zu beschreibenden Eigenschaften wertend Stellung nehmen können" (Ricken [2]1989, 49f).

jektivismus könne er nicht eigentlich widerlegen. Außer dem Hinweis darauf, dass diese selbst auf unbewiesenen und axiomatischen Prämissen[105] beruhen, verbleibt ihm nur, dass seine Argumentation besser durchdacht sei und dem vollen Phänomen Mensch (und dem Sein der Natur) gerechter werde.

2.2.3 Die Erweiterung des kategorischen Imperativs

Im Zeitalter der ökologischen Krise eröffnet moderne Technologie für Jonas aus mehreren Gründen eine neue Dimension der Verantwortung. Erstens handelt es sich in Form der industrialisierten Massengesellschaften um einen wachsenden Bereich *kollektiven Tuns*, "in dem Täter, Tat und Wirkung nicht mehr dieselben sind" wie in klassischen Fällen der Ethik, bei der die Menschen ihre Ansprüche gegeneinander erheben (können). Hinzu kommt zweitens der *kumulative Charakter* technologischer Errungenschaften und Handlungen. Die Wirkungen des Technologieeinsatzes (und seiner Entwicklung) summieren sich handlungsgeschichtlich, so dass sich die Ausgangslage späteren Handelns von der anfänglichen dadurch unterscheidet, dass es nur auf den Ergebnissen dessen, was schon getan wurde, aufbauen kann. Drittens erweist sich für Jonas auch die dem Handeln unter den Bedingungen moderner Technik innewohnende "utopisch Treibtendenz (*drift*)" als ethisch relevantes Merkmal. Die Zukunft, auf die hin technologisches Handeln mehr und mehr gerichtet ist[106], wird für Jonas von keiner

---

[105] Dass es keinen Weg vom Ist zum Soll gibt, ist für Jonas wiederum "nie ernstlich geprüft worden und trifft nur auf einen Begriff von Sein zu, für den, da er schon in entsprechender Neutralisierung (als 'wertfrei') konzipiert ist, die Unableitbarkeit eines Sollens eine tautologische Folge ist [...] Also spiegelt die Trennung von Sein und Sollen, eben mit der Annahme eines solchen Seinsbegriffs, bereits eine bestimmte Metaphysik wieder" (PV, 92).

[106] In der Entwicklung von Anwendungen, die nicht nur einen aktuellen Zustand verändern, sondern vor allem langfristige Folgen zeigen, wie z.B. die Nutzung der Kernkraft oder gentechnischer Eingriffe in das menschliche Erbgut. Bei verschiedenen Entwicklungen, wie z.B. der möglicherweise erreichbaren Lebensverlängerung mittels gentechnischer Eingriffe, weist Jonas darauf hin, dass bereits die Absichten und das

bisherigen Ethik, die an die Gleichzeitigkeit von Menschen gebunden ist, adäquat erfasst, denn folgende Merkmale charakterisieren für ihn die traditionelle Ethik:

1. Ethische Relevanz hat der direkte Umgang des Menschen mit dem Menschen, was den Umgang mit sich selbst einschließt. Der Umgang mit der außermenschlichen Welt mittels der *techne* (Kunstfertigkeit) ist, mit Ausnahme der Medizin, ethisch neutral, d.h. alle traditionelle Ethik ist anthropozentrisch. Der Grund dafür sind die begrenzten Möglichkeiten menschlicher *techne*.

2. Für das Handeln in dieser ethischen Sphäre wird die "Natur" des Menschen als im Wesentlichen konstant angesehen und nicht selbst Gegenstand umformender *techne*. Das erlaubt(e) es auch, das menschlich Gute unschwer und einsichtig zu bestimmen.

3. Die Reichweite menschlichen Handelns und seiner Verantwortung orientiert(e) sich an dieser unmittelbaren Reichweite und ist keine Sache entfernter Planung oder kumulativer Wirkungen.
   "Ethik hatte es demgemäß mit dem Hier und Jetzt zu tun, mit Gelegenheiten, wie sie zwischen Menschen sich einstellen, mit den wiederkehrenden, typischen Situationen des privaten und öffentlichen Lebens. Der gute Mensch war ein solcher, der diesen Gelegenheiten mit Tugend und Weisheit begegnete, der die Fähigkeit dazu in sich selbst kultivierte und im übrigen sich mit dem Unbekannten abfand" (PV, 23).

Wesentliches Kennzeichen traditioneller Ethik ist für Jonas also, dass die dieser Ethik unterworfenen Menschen Teilhaber einer gemeinsamen Gegenwart sind. Der *sittliche Horizont* besteht hierbei aus aktuell lebenden

---

Versprechen dieser Technologien ethisch relevant werden können (insbesondere beim Übergang von ärztlichen Anwendungen der akuten Heilung zu sozialen Erwägungen "vorsorgender" Veränderungen). "Meine These ist einfach, daß schon das in Aussicht gestellte Geschenk [der Lebensverlängerung] Fragen aufwirft, die nie zuvor im Raume praktischer Wahl gefragt wurden, und daß kein Prinzip früherer Ethik, die die menschlichen Konstanten für selbstverständlich nahm, der Auseinandersetzung mit ihnen gewachsen ist. Und doch muß man sich mit ihnen auseinandersetzen, ethisch und nach Prinzipien und nicht nach dem Druck der Interessen" (PV, 50).

Hans Jonas

Menschen und ihr *Zukunfts*horizont beschränkt sich auf deren voraussicht-
liche Lebensdauer. Daraus folgt(e) auch, dass das *sittliche Wissen*, das für
den *moralischen Willen* erforderlich war, diesen Begrenzungen entsprach.
Beim sittlichen Wissen handelte es sich um Kenntnisse, die allen Menschen
guten Willens offenstanden und nicht etwa um das Wissen von Wissen-
schaftlern oder Fachleuten. Die enorme Macht moderner Technologie heute
bedeutet demgegenüber eine gewaltige zusätzliche Anforderung an *ethisches Wissen*. Die Tatsache, dass das vorhersagende Wissen zukünftiger
Auswirkungen hinter dem technologischen Wissen der aktuell konkreten
Anwendung zurückbleiben *muss*, nimmt dabei für Jonas selbst eine ethische Bedeutung an. Dieser fehlenden Weisheit kann nur die Anerkennung
der eigenen Unwissenheit mit einer dementsprechenden verantwortlichen
Zurückhaltung gerecht werden. Entsprechend stellt sich für Jonas auch der
kategorische Imperativ von Kant dar. Er setzt die Existenz einer Gesellschaft menschlicher Akteure (bzw. handelnder Vernunftwesen) dadurch
voraus, dass er die Pflicht einfordert, menschliche Handlungen so zu wählen, dass sie als allgemeines Gesetz gewollt sein können. Dabei ist die
Grundüberlegung dieser Moral nicht selbst moralisch, sondern "nur" eine
logische Konsequenz.

"Kants kategorischer Imperativ war an das Individuum gerichtet
und sein Kriterium war augenblicklich. Er forderte jeden von uns
auf, zu erwägen, was geschehen würde, *wenn* die *Maxime* meiner jetzigen Handlung zum Prinzip einer allgemeinen Gesetzgebung gemacht würde oder es in diesem Augenblick schon wäre: die Selbst-
einstimmigkeit oder Nichteinstimmigkeit einer solchen *hypothetischen* Verallgemeinerung wird zur Probe meiner *privaten* Wahl gemacht" (PV, 37).

Reale Folgen des Handelns für die Zukunft sind jedoch für Jonas in einer
solchen hypothetischen Verallgemeinerung nicht ins Auge gefasst. Es wäre
für ihn *logisch* ohne weiteres denkbar, trotz des kategorischen Imperativs
große Opfer der Zukunft für die Gegenwart zu verlangen, denn dass es eine menschliche Zukunft geben soll, lässt sich aus der Regel der Selbstein-
stimmigkeit *innerhalb der Reihe* nicht ableiten. Dieses Gebot ist für Jonas
letztlich nur metaphysisch zu begründen (Vgl. dazu 2.2.2), durch einen Imperativ, der auf den neuen Typ menschlichen Handelns passt und dem mo-

ralischen Kalkül den *Zeithorizont* hinzufügt, welcher in der "logischen Augenblicksoperation des kantischen Imperativs fehlt".

> "In der Tat, reale Folgen sind überhaupt nicht ins Auge gefaßt und das Prinzip ist nicht dasjenige objektiver Verantwortung, sondern das der subjektiven Beschaffenheit meiner Selbstbestimmung. Der neue Imperativ ruft eine andere Einstimmigkeit an: nicht die des Aktes mit sich selbst, sondern die seiner schließlichen Wirkungen mit dem Fortbestand menschlicher Aktivität in der Zukunft" (PV, 37).

Zentraler Punkt für Jonas ist, dass sich die Natur menschlichen Handelns durch Wissenschaft und Technik derart verändert hat, dass Verantwortung in einem bisher unanwendbaren Sinn, mit neuen Inhalten und nie gekannter Zukunftsweite politisches Tun und politische Moral bestimmen muss[107]. Weil die eigenständige Zukünftigkeit der "betreuten" Existenz Ziel jeder Verantwortung ist, ist sie die gesuchte Norm. Heute erst wird für Jonas deutlich, dass die Verantwortung "überhaupt nichts anderes ist als das moralische Komplement zur ontologischen Verfassung unseres *Zeitlich*seins" (PV, 198).

2.2.4 Die Form einer Zukunftsethik

Aus dem kategorischen Imperativ und der Verantwortung ergeben sich für Jonas im Rahmen einer Zukunftsethik einige wesentliche Prinzipien und Pflichten. Gegenüber bisheriger Ethik neu hinzukommen muss, mögliche

---

[107] "Kant sagte: Du kannst, denn du sollst. Wir müssen heute sagen: Du sollst, denn du tust, denn du kannst [...] Wir müssen mehr den Ozean vor uns als uns vor dem Ozean schützen. Wir sind der Natur gefährlicher geworden, als sie uns jemals war. Am gefährlichsten sind wir uns selbst geworden, und das durch die bewundernswerte Leistung menschlicher Dingbeherrschung. *Wir* sind die Gefahr, von der wir jetzt umrungen sind - mit der wir hinfort ringen müssen. Ganz neue, nie gekannte Pflichten erstehen daraus dem rettenden Gemeindrang" (PV, 230 u. BE, 93).

Hans Jonas

Bedrohungen des Menschen durch die Auswirkungen (technologischer) Handlungen ernster zu nehmen als die Vorteile dieser angestrebten Handlungen[108]. Jonas vertritt hier die These, dass Güter für den Menschen erst über den Umweg des Übels erkannt werden können, d.h. dass die Erkenntnis des *malum* unendlich viel leichter fällt als die des *bonum*. Die *Heuristik der Furcht* steht an zentraler Stelle einer Zukunftsethik und muss das stärkere Motiv staatsmännischer Vorkehrungen sein, da das Wissen, das für Nahprognosen der konkreten Anwendung von Technologie durchaus ausreichend ist, in den ethisch geforderten Extrapolationen nicht mehr ausreichend sein kann. "Es ist die Vorschrift, primitiv gesagt, daß der *Unheilsprophezeiung mehr Gehör zu geben ist, als der Heilsprophezeiung*" (PV, 70).

Im Dienste der ethischen Prinzipienlehre ist diese heuristische Kasuistik für Jonas völlig ausreichend. In der praktisch-politischen Anwendung wird sie für ihn jedoch zur empfindlichen Schwäche, denn hier sollen Entscheidungen getroffen werden, was aktuell zu tun und zu lassen sei, und dies verlange eine Sicherheit, die über die Heuristik der Furcht hinausgehe. Genau deshalb aber müsse die Ungewissheit in die politische Theorie einbezogen werden. Je größer die möglichen Auswirkungen eines technologischen Vorhabens sind und je umfangreicher seine Dynamik ist, desto mehr treffe dies zu. Dabei gibt es für Jonas eine weitere Asymmetrie zu beachten, nämlich die zwischen der Abwendung von Übel und der Herbeiführung des Guten. Große Wagnisse der Technologie für den Fortschritt, der "ehrgeizigstenfalls auf die Herbeiführung eines irdischen Paradieses zielt", bis hin zur Gefährdung der Existenz des Menschen, verbietet sich aufgrund der hohen Risiken. Anders stellt sich derselbe Einsatz von Technologie bei Abwendung großer Übel dar, d.h. die Verhütung der grossen Katastrophe wird, gegenüber der Förderung des *summum bonum*, zum Hauptauftrag der Verantwortung.

Hinzu kommt deshalb der Primat der Bescheidung gegenüber einer Utopie säkularisierter eschatologischer Zukunftspläne aufgrund technologischer

---

[108] Es handelt sich hierbei um eine tutioristische Überlegung, d.h. allein die Möglichkeit des Eintretens negativer Folgen ist moralisch relevant.

Entwicklungen. Entscheidend ist für Jonas die Rolle des (modernen) Freiheitsverständnisses. Ohne das Phänomen der Freiheit ist für Jonas das ganze menschliche Dilemma nicht zu verstehen. Freiheit kann unmöglich eine unbegrenzte Willkürfreiheit meinen, die derzeitigen liberalen demokratischen und wirtschaftlichen Vorstellungen scheinen jedoch genau davon auszugehen, weil sie den Weg des technischen Fortschrittes mit einer Steigerung der individuellen Freiheit verbinden. Doch die *wahren Interessen* der Menschheit werden für Jonas auf diesem Weg nicht vertreten, denn Menschen zeichnet nicht nur ein einfaches Genießen-Wollen aus, sondern auch ein metaphysisches Grundbedürfnis wie z.B. das nach einer lebenswerten Zukunft oder Religion. Naturwissenschaft und Technik sind ebenfalls ein Werk menschlicher Freiheit und das gleiche Erkennen, das in der Technik waltet, lässt auch das Erkennen etwaiger Lösungsmöglichkeiten zu. Diese menschliche Freiheit muss sich vor dem Hintergrund der ökologischen Krise jedoch selbst Grenzen setzen.[109] Für Jonas ist die ökologische Krise deshalb auch kein Problem der *Ohnmacht* gegenüber dem technischen Fortschritt, sondern ein Problem der Macht menschlichen Handelns aufgrund technologischen Fortschritts. Diese technologische Macht ist zwar kollektiv, damit aber auch politisch und somit wieder in die Verantwortung des Einzelnen einzubeziehen.

2.2.5 Freiheit und Wissenschaft

Zusammenfassend lässt sich die Ethik von Jonas noch einmal so darstellen:

---

[109] "Daß sie sich Grenzen setzt, ist erste Pflicht aller Freiheit, ja die Bedingung ihres Bestandes, denn nur so ist Gesellschaft möglich, ohne die der Mensch nicht sein kann und auch nicht seine Herrschaft über die Natur. Je freier die Gesellschaft selber ist [...] desto evidenter und unerläßlicher wird im zwischenmenschlichen Verhältnis die Pflicht freiwilliger Begrenzung. Vergleichbares tritt ein im Verhältnis der Menschheit zur Natur [...] Schritthaltend mit den Taten unserer Macht reicht unsere Pflicht jetzt über den ganzen Erdkreis und in die ferne Zukunft. Sie ist unser aller Pflicht, denn wir alle sind Mittäter an den Taten und Nutznießer der kollektiven Macht" (BE, 96).

Hans Jonas

1. Indem die Natur Zwecke hat, setzt sie auch Werte. Diese sind jedoch zunächst nur relativ zum Zweck bestimmt und daher instrumentell.

2. Die Fähigkeit überhaupt Zwecke zu haben ist ein Gut-an-sich, d.h. ein Grundwert unabhängig vom konkreten Zweck bzw. Streben.

3. Echte Moral kann nicht sich selbst zum Ziel haben, sondern muss einen Bezug auf das unabhängige Gute, das sich in den (natürlichen) Werten zeigt, aufweisen. Das Gefühl der Verantwortung für einen Gegenstand spricht zwar die subjektive Seite der Moral an, doch *die Objektivität des moralischen Anspruchs muss tatsächlich vom Objekt kommen.*

4. Allein die Verantwortung weist die Asymmetrie auf, die für den kategorischen ersten Imperativ der Zukunftsethik notwendig ist der fordert, dass es auch in Zukunft Menschen geben soll.

5. Die traditionelle Ethik muss um den Zukunftshorizont erweitert werden. Dies impliziert, dass die realen Folgen menschlichen Handelns eine wesentliche Rolle spielen, wobei die Möglichkeiten negativer Folgen stärker zu berücksichtigen sind als bisher. Dies gilt vor allem gegenüber den modernen Fortschrittsversprechungen. Die menschliche Freiheit (und Vernunft) muss sich in Zukunft selbst beschränken[110].

---

[110] Der Begründung dieser Forderung dient ein erheblicher Teil des PV, nämlich die Auseinandersetzung von Jonas mit dem Marxismus und vor allem Ernst Blochs Philosophie. Im Rahmen dieser Arbeit ist daran wichtig, dass diese Auseinandersetzung mit und Kritik an der Utopie eine Kritik der "Technik im Extrem" ist, also des naiven und blinden Fortschrittsglaubens technischer Ideale. Nur die *nichtutopische Ethik* der Verantwortung, das die Sorge um anderes Seiendes kennt, kann für Jonas dem (utopischen) Prinzip Hoffnung gegenübergestellt werden.
"Verantwortung ist die als Pflicht anerkannte Sorge um ein anderes Sein, die bei Bedrohung seiner Verletzlichkeit zur 'Besorgnis' wird [...] Je weiter noch in der Zukunft, je entfernter vom eigenen Wohl und Wehe und je unvertrauter in seiner Art das zu Fürchtende ist, desto mehr müssen Hellsicht der Einbildungskraft und Empfindlichkeit des Gefühls geflissentlich dafür mobilisiert werden: eine aufspürende Heuristik der Furcht wird nötig [...] Die Ehrfurcht allein indem sie uns ein 'Heiliges', das heißt unter keinen Umständen zu verletzendes enthüllt [...] wird uns auch davor schützen, um der Zukunft willen die Gegenwart zu schänden. So wenig wie die Hoffnung darf auch die Furcht dazu verführen, den eigentlichen Zweck - das Gedeihen des Men-

80

Dies gilt auch für die Wissenschaft, in der sich die Freiheit in der grund-
rechtlichen Forschungsfreiheit wieder spiegelt. Diese kann für Hans Jonas
nur dann eine absolute Freiheit sein, wenn es eine vom Handeln geschiedene Sphäre des Wissens gibt. Ihre Unbedingtheit ist also durch eine Prämisse bedingt, nämlich durch die Notwendigkeit der Ausklammerung von
Tatzusammenhängen. "Kurz, die Voraussetzung für totalen Freiheitsan-
spruch ist hier, dass Forschen als solches keine sittlichen Probleme aufwirft
- was sogar bei bloßer sittlicher Neutralität der Fall sein könnte" (WF, 198).
In der modernen Welt gibt es diese Trennung jedoch nicht mehr, zu sehr
sind für Jonas theoretische und praktische Interessen miteinander verknüpft. Im tatsächlichen Hergang der Forschung (er)legt diese Verschrän-
kung von Theorie und Praxis auch naturwissenschaftlicher Forschung
Grenzen auf, da ihre Folgen und Auswirkungen (die moderne Technologie)
als Handlung immer eine Verantwortung stipulieren. Es gibt heute (fast)
keinen Zweig der Naturwissenschaften, dessen Funde nicht irgendwie zu
einer technischen Nutzung fähig sind. Für Jonas ist diese Nutzung jedoch
keine Schwelle, die erst nach dem Akt des Forschens liegt und überschritten werden muss, weil moderne naturwissenschaftliche Forschung, als Folge der Arbeitsteilung, überhaupt nur noch durch "Arrangements von außen" möglich ist. Moderne Wissenschaft lebt vom Feedback ihrer technischen Anwendbarkeit und empfängt von dort auch ihre Aufträge. Für die
Forschung selbst ist ebenfalls Technik notwendig und die physischen
Werkzeuge dazu werden immer anspruchsvoller. Zudem müssen die Kosten für die physischen Apparaturen von außen beigesteuert werden. Äußere Interessen bestimmen dadurch zunehmend die Aufgaben der Wissenschaft.

"Damit sollen weder jene äußere Interessen selbst herabgesetzt werden noch die Tatsache, daß die Wissenschaft ihnen dient und damit
ein Teil des öffentlich-gesellschaftlichen Unternehmens geworden
ist. Doch es soll besagen, dass mit der Annahme dieser Rolle [...] das

---

schen in unverkümmerter Menschlichkeit - auf später zu verschieben und inzwischen
eben diesen Zweck durch die Mittel zuschanden zu machen" (PV, 392f).

Alibi der reinen 'interesselosen' Theorie aufgehoben und die Wissenschaft mitten hinein ins Reich sozialer Aktion versetzt wurde, wo jeder Täter für seine Tat einzustehen hat" (WF, S. 202f).

Doch nicht nur das Was, auch das Wie naturwissenschaftlicher Erkenntnis ist spätestens seit dem Gebrauch physischer Werkzeuge in den ethischen Diskurs eingebettet, denn aus dem Arbeitsprozess selbst ergeben sich bereits die sittlichen und rechtlichen Fragen, die die territoriale Barriere der Wissenschaft durchbrechen und allgemein zu be- und verantworten sind. Das Experiment als Intervention in den Gegenstand der Erkenntnis gilt als Paradigma moderner Naturwissenschaft. Wissenschaftliche Beobachtung beinhaltet damit von vornherein Manipulation und schließt physisch relevantes Handeln ein. Denken und Tun durchdringen sich in der Prozedur der Untersuchung, d.h. die Anwendung findet bereits in der Untersuchung als Teil von ihr statt, nicht erst in der späteren technischen Verwertung. Damit bricht die Scheidung von Theorie und Praxis innerhalb der Theorie selbst zusammen und erzeugt naturwissenschaftliche Tätigkeit *als Tätigkeit* bereits sittliche Fragen. Das Ende der Harmlosigkeit und das neue Prinzip der Verantwortung ergibt sich heute durch die Größe der Experimente und der Anwendung in der realen Welt dadurch, dass inzwischen die Welt selbst zum Laboratorium wird. Dies zeigt für Jonas deutlich,

"daß in der modernen Naturforschung die ehemalige Untescheidung zwischen 'reiner' und 'angewandter' Wissenschaft, also zwischen Theorie und Praxis, zusehends schwindet, indem beide sich schon in der Forschungsprozedur verschmelzen; und daß das so gepaarte Ganze das vormals dem ersten Glied allein zugebilligte Recht auf unbedingte interne Freiheit grundsätzlich nicht mehr besitzt, da eben der Begriff 'intern' nicht mehr zutrifft. Das von ihm tangierte öffentliche Wohl hat nun bei ihm mitzusprechen - von außen, wenn nötig; von innen, nämlich vom Gewissen der Forschenden selbst, wenn möglich" (WF, 213).

3 Die Position von Vittorio Hösle: Metaphysik der ökologischen Krise und die Verantwortung der Philosophie

"Hans Jonas
dem weisen Menschen
dem besorgten Mahner
dem grossen Denker
ohne den es immer noch
keine praktisch verantwortliche
Philosophie der
ökologischen Krise gäbe" (PÖK, Widmung).

Vittorio Hösle (geboren 1960) verweist bereits in seiner Habilitationsschrift[111] auf die Tragweite des objektiv-idealistischen Grundgedankens[112] zur Begründung objektiver Werte in der Ethik. Das Werk "Die Krise der Gegenwart und die Verantwortung der Philosophie" (im Weiteren: KG) knüpft an das Letztbegründungsproblem der Ethik in der Transzendentalpragmatik an, will diesen Ansatz jedoch um den idealistischen Gedankengang erweitern. Auch um die Spaltung des modernen Denkens in Natur- und Geisteswissenschaften zu überwinden scheint ihm dieser Gedanke notwendig, er ist gewissermaßen sein Programm. Es folg(t)en Hösles Moskauer Vorträge, veröffentlicht unter dem Titel "Philosophie der ökologischen Krise" (im Weiteren: PÖK), die sich explizit mit der Problematik der

---

[111] "Hegels System. Der Idealismus der Subjektivität und das Problem der Intersubjektivität". Für diese Arbeit wird dieses Werk nicht weiter bearbeitet.

[112] Hösle versteht darunter in der Tradition von Platon bis Hegel den Versuch, eine Sphäre aufzuweisen die sowohl dem Subjekt, als auch dem Objekt voraus liegt und Realität, sowie Gültigkeit von Ideen und Normen gewährleistet.

Vittorio Hösle

ökologischen Krise auseinandersetzen und den (geistigen) Hintergrund der
Kritik von und Auseinandersetzung mit der Gegenwartsphilosophie skizzieren. In der Betrachtung der Ursachen der ökologischen Krise sieht Hösle
sein Werk als Weiterführung und Korrektur vieler Gedanken von Jonas[113].

In Hans Jonas sieht er einen Philosophen, dessen Werk dadurch, dass es
viele gängige Überzeugungen in Frage stellt, zu den faszinierendsten und
originellsten dieses Jahrhunderts gehört, dessen (Letzt-) Begründung der
Ethik jedoch für Hösle im Bereich der Ontotheologie liegt und damit unge-
nügend ist[114]. Um einen Ausweg aus der ökologischen Krise zu finden,
muss für Hösle neben der Ethik selbst auch der Naturbegriff im Zentrum
eines Kategorienwandels stehen[115]. Im Gegensatz zur Ethik wird sein eigenes Naturverständnis allerdings nur vor dem Hintergrund des Werkes von
Jonas deutlich, da er hierbei überwiegend dessen Konzeption voraussetzt.
Zur Charakterisierung von Hösles Ethik und der darin enthaltenen Implikationen für den Umgang mit der Natur wurden, neben Verweisen auf
Hans Jonas im Aufsatz "Ontologie und Ethik bei Hans Jonas" (im Weiteren:

---

[113] Vgl. dazu "Ontologie und Ethik bei Hans Jonas", Fußnote 14, 110: "Ich habe versucht,
diese Ideen [die Kluft zwischen Ich und Welt bei Jonas] in meinem Aufsatz 'Sein und
Subjektivität. Zur Metaphysik der ökologischen Krise' [...] weiterzuentwickeln" sowie
Fußnote 40, 121: "Ich habe diesem Gegenstand [der transzendentalen Begründung von
Ethik] mein Buch [...] gewidmet. Das Buch versucht gewissermaßen eine Verbindung
Apelscher und Jonas´ scher Ideen".

[114] Die Kritik von Jonas am naturalistischen Fehlschluss macht für Hösle zwar nur Sinn,
"wenn wir mit ihm annehmen, daß die Natur nicht wertneutral sei", aber obwohl seine fast Aristotelische Naturkonzeption zutreffen mag, bedarf die Kritik, um *begründet*
zu werden, "einer normativen und idealen Instanz, die es uns gestattet, den Wertcha-
rakter der Natur zu erkennen. In der Tat impliziert der Unterschied zwischen Ist- und
Soll-Sätzen keineswegs, daß alles, was ist, nicht so ist, wie es sein soll; er besagt nur,
daß das, was etwas sein soll, aus nichts, was ist, folgt" (PP, 22f).

[115] "Wenn die ökologische Krise in Weichenstellungen wurzelt, die zu bestimmten Werten und Kategorien geführt haben, dann wird ohne die Korrektur dieser Werte und
Kategorien eine durchgreifende Veränderung nicht zu erzielen sein. Im Zentrum dieses Kategorienwandels wird vermutlich der Naturbegriff stehen müssen; das Verhältnis von Mensch und Natur wird anders bestimmt werden müssen als in einem grossen Teil der neuzeitlichen Philosophie und Wissenschaft" (PÖK, 17).

OE), weiter folgende Werke verwendet: Die Monographie "Moral und Politik" (im Weiteren: MP, nur in Auszügen betrachtet), die Aufsatzsammlungen "Praktische Philosophie in der modernen Welt" (im Weiteren: PP), "Philosophiegeschichte und objektiver Idealismus" (im Folgenden POI) und "Die Philosophie und die Wissenschaften" (im Folgenden PW) sowie die Aufsätze "Sein und Subjektivität. Zur Metaphysik der ökologischen Krise" (im Weiteren: SS), in dem Hösle über die jeweils individuellen Verhaltensweisen hinaus zu ergründen versucht, welche ontologischen Ursachen es für die ökologische Krise gibt, "Tragweite und Grenzen der evolutionären Erkenntnistheorie" (im Weiteren: TGE), "Der Darwinismus als Metaphysik" (im Weiteren: DM, zusammen mit Ch. Illies) und schließlich "Über die Unmöglichkeit einer naturalistischen Begründung der Ethik" (im Weiteren: UBE). Wie bei Jonas geht es auch hier zunächst nur um eine darstellende und systematische Rekonstruktion, insbesondere der ethischen Konzeption von Hösle (3.1). Hösle entwickelt, wie bereits erwähnt, kein explizit eigenes Naturverständnis. Nichtsdestotrotz versucht er, aufbauend auf Jonas, die metaphysischen Ursachen der ökologischen Krise zu beleuchten und Konsequenzen daraus abzuleiten (3.2).

3.1   Letztbegründung der Ethik

Für Hösle hat jede (echte) Philosophie mit (Letzt-) Begründung zu tun, und damit auch mit dem Unbedingten, Absoluten und Letzten, was "*das* philosopische Problem per excellence ist, [und] [...] der Philosophie eine unaufhebbare Eigenständigkeit gegenüber allen Absorptionsversuchen der Einzelwissenschaften sichert" (KG, 10). In diesem Sinn hat Hösle nach seinen eigenen Worten von der Transzendentalpragmatik am meisten gelernt, wiewohl er sich selbst nicht als Transzendentalpragmatiker betrachtet.

"Mir scheint im Gegenteil die Transzendentalpragmatik zu formalistisch zu sein, und ich glaube, daß sie ihrem Anliegen, in einem Zeitalter des Irrationalismus die Vernunft zu stärken und in einer Epoche der Selbstauflösung der Aufklärung eine nicht-traditionelle Begründung der Ethik zu leisten, nur gerecht werden kann, wenn sie vor materialen Gehalten nicht zurückschreckt und von den großen rationalistischen Systemen des Abendlandes mehr lernt, als sie bis-

Vittorio Hösle

her getan hat. (In dieser Sicht der Dinge bin ich besonders von Hans
Jonas beeinflußt)" (KG, 11).

Umgekehrt wird für Hösle die Wiederbelebung der traditionellen Philosophie dann scheitern, wenn es nicht gelingt, das Prinzip der Intersubjektivität, das die Transzendentalpragmatik mit der begründungstheoretisch
stärksten Form von Philosophie, der Transzendentalphilosophie, verknüpft, zu stärken.

3.1.1 Die Antwort der Transzendentalpragmatik auf die Krise der Vernunft

Für Hösle gebricht die moderne Philosophie, einst "Königin der Wissenschaften" daran, dass sie in der modernen Gesellschaft immer weniger zu
sagen hat. Dabei fehlt es offenkundig an einer großen Synthese von syste-
matischer und historischer Philosophie, ja selbst an Versuchen einer solchen[116]. Das wiederum trägt immer weniger zur Überwindung "sektoriel-
len" Denkens bei und zeitigt als klassisches Resultat den Reduktionismus,
der seinen nur beschränkt gültigen Standpunkt verabsolutiert und fälschli-
cherweise auf Alles ausweitet. Wesentlich hängt dies für Hösle mit der ver-
hängnisvollen Spaltung in systematische Philosophie ohne Kenntnisse der

---

[116] In der Fragmentierung modernen Wissens, insbesondere in der Philosophie, sieht
Hösle eine der problematischsten Entwicklungen der Moderne. "Während aber die
Abkoppelung der Teile vom Ganzen im allgemeinen eine Krankheit bedeutet - in Organismen ebenso wie in Kulturen (und unsere Zivilisation ist nach diesem Kriterium
schwer krank) - , führt jene Spezialisierung in der Philosophie unmittelbar zur Vernichtung ihres Begriffs und ihrer Existenzberechtigung" (KG, 17). Hösle vertritt demgegenüber die Einheit der Philosophie, zumindest als "regulative Idee" jeder philosophischen Reflexion, "die sich selbst versteht" (KG, 15). Sein historisch-systematisches
Werk "Wahrheit und Geschichte. Studien zur Struktur der Philosophiegeschichte unter paradigmatischer Analyse der Entwicklung von Parmenides bis Platon" (für diese
Arbeit nicht weiter verwendet) stellt aber doch einen Versuch dar, die erforderliche
Philosophie der Philosophiegeschichte als System zu entwickeln.

Vittorio Hösle

Geschichte und in eine Philosophie, für "die sich Wahrheit auf historische Richtigkeit reduziert", zusammen. "Da tiefgehende Analysen existentieller Fragen unserer Kultur eine Kenntnis des Ganzen voraussetzen" (KG, 18), muss sich für ihn die Gegenwartsphilosophie zu den drängendsten Einzelfragen der Zeit immer mehr ausschweigen. Dabei öffnet sich die Schere "zwischen beschleunigter wissenschaftlich-technischer Entwicklung und stagnierendem, wenn nicht regredierendem ethischem Bewußtsein [...] immer mehr, und so kann man sich nicht wundern, daß es bisher immer noch zu wenig gut begründete und zugleich detaillierte und konkrete Abhandlungen zu ethischen Fragen der technischen Zivilisation gibt. Eine ethisch-naturwissenschaftliche Doppelkompetenz ist selten zu finden, obgleich zur Lösung jener Fragen eine Überbrückung der Kluft zwischen den beiden Kulturen gefordert ist" (KG, 23).

Der ernsteste Vorwurf Hösles an die Philosophie der Gegenwart ist jedoch, dass sie für die Zerstörung jener Anlagen mitverantwortlich ist, die vielleicht die gegenwärtige Krise überwinden könnten, der Vernunft und des Glaubens an (objektive) moralische Werte und Pflichten. Für Hösle ist es unschwer, seit dem Deutschen Idealismus eine *Zerstörung der wertrationalen Vernunft* zu konstatieren, die in einem heute ubiquitären *Wertrelativismus* gipfelt, d.h. festzustellen, dass die *Wertrationalität* immer mehr durch *Zweckrationalität* ersetzt wird. In der modernen Wissenschaft und der auf sie gegründeten Wirtschaft und Politik liegt für Hösle ein der Moral entgegengesetztes Moment, "das verum-factum-Prinzip". Nicht begriffsnotwendig, aber als faktische Voraussetzung hängt Erfolg in der modernen Wissenschaft davon ab, im Experiment die Natur "nachzuschaffen" und damit kausale Zusammenhänge zu "rekonstruieren". Dies verbindet Wissenschaft und Technik unlöslich, während damit zugleich "Herstellung" zur wesentlichen Kategorie moderner Rationalität wird. "Das Wesen objektiver ethischer Werte besteht aber gerade darin, daß sie nicht als gemacht angesehen werden können"[117] (KG, 45). Ohne apriorische Prinzipien lassen sich letzte

---

[117] Objektive Werte und absolute Normen leisten für Hösle dem Totalitarismus, trotz gegenteiliger Kritik, *keinen* Vorschub. Theoretisch ist es für Hösle leicht einzusehen, "daß die Leugnung absoluter Normen (wie sie der moderne Rechtsstaat in Gestalt unveräußerlicher Menschenrechte voraussetzt) keine Handhabe für eine Kritik am Tota-

Vittorio Hösle

Werte und kategoriale Normen allerdings nicht begründen, was gewisse metaphysische Folgerungen impliziert. Infolge der Krise der Wertrationalität können für Hösle der exponentiellen Entwicklung der Zweckrationalität, die mittlerweile in äußerst komplexe Ganzheiten zerstörend eingreift, keine Schranken mehr gesetzt werden. Diese *Wertkrise*, "als durch und durch geistiges Phänomen", ist für ihn eines der Haupthindernisse auf dem Weg zu einem vernünftigen Umgang des Menschen mit der Natur.

Eine Antwort der Transzendentalpragmatik auf die Krise der Gegenwart zeichnete sich für Hösle bereits in der Philosophie der Moderne ab. Mit der logischen Form der Sprache brachte Wittgenstein diese und nicht mehr (unmittelbar) das Bewusstsein in Beziehung zur Welt, was in den Augen von Hösle durchaus einen partiellen Fortschritt dar- stellte. Als problematisch erwies sich jedoch die völlige Irreflexivität des Ansatzes des "Tractatus", vor allem in der Auslegung durch den Positivismus. In der Selbstapplikation ergab sich die ernste dialektische Inkonsequenz, dass die Sätze in dem, was sie sind, dem widersprechen, was sie aussagen[118]. Selbst im Fall

---

litarismus bieten kann [...] denn wenn nichts verboten ist, dann auch nicht der Versuch, bestimmte irrationale Ideologien mit allen Mitteln durchzusetzen" (KG, 52). Der Wertrelativismus und Nihilismus fördert für Hösle zwar eine Orientierung ausschließlich am Eigennutz, da das theoretische und praktische Verhalten immer unberechenbarer wird und sich "immer hemmungs- und verantwortungsloser nach dem eigenen Partikularinteresse" richtet (KG, 34). Erst in Verbindung mit der Überzeugung, es gebe Rationalität nur als Mittel-Zweck Rationalität und es sei absurd, Wertfragen als objektiv anzusehen, wurden jedoch für Hösle die eigentümlichen Verbrechen des 20. Jahrhunderts überhaupt erst möglich.
"Natürlich bedeutet die Verabsolutierung der Zweckrationalität keineswegs die Option für verbrecherische Ziele: Sie bedeutet allerdings, daß, wenn die Entscheidung für solche Ziele gefallen ist, ihnen nichts entgegenzusetzen, sondern nur an ihrer technisch vollkommenen Verwirklichung zu arbeiten ist. *Das Phänomen des Dritten Reichs läßt sich ohne die Verbindung von nihilistischem Irrationalismus und funktionaler Zweckrationalität nicht erklären*" (KG, 80, Hervorhebung durch A.R.).

[118] "So ist der Satz, nur Sätze der Naturwissenschaft könnten wahr sein, offenbar selbst kein naturwissenschaftlicher Satz, also falsch oder sinnlos; es ist also keine wahre oder sinnvolle Behauptung, nur Sätze der Naturwissenschaft könnten wahr sein" (KG, 75). Überhaupt ist es für Hösle bezeichnend, dass an der Kritik als Grundform der Erkenntnis festgehalten wird, während diese "in Wahrheit eine positive Form (Intuition

empirischer Wissenschaft ist es für Hösle *nicht* möglich, ohne *synthetische Sätze a priori* eine *Begründung* derselben zu leisten[119], was immerhin eine der Grundeinsichten der großen objektiv-idealistischen Traditionen von Platon bis Hegel darstellte. Das Hauptproblem von Szientismus und kritischem Rationalismus stellt für Hösle aber dar, die Frage nicht beantworten zu können, welche Zwecke und Werte (objektiv) gut sind. Es verbleibt bei einer Zweckrationalität, die die Wertrationalität konsequent verleugnen muss.

> "Rational ist dieser Perspektive nur die Wahl der Mittel, nicht die Zwecksetzung selbst, die von subjektiven und d.h. letztlich beliebigen Präferenzen abhängt. Diese Präferenzen werden natürlich durch Interessen bestimmt werden; innerhalb des sozialtechnischen Ansatzes des kritischen Rationalismus macht aber die Frage, ob bestimmte Interessen legitim seien, keinen Sinn" (KG, 79).[120]

---

bzw. Letztbegründung) immer schon als ihre Bedingung der Möglichkeit voraussetzt" (KG, Fußnote 56, 79). Hösle selbst dagegen argumentiert und kritisiert im Wesentlichen retrosiv, d.h. im Aufweis der notwendigen Bedingungen eines gültigen Arguments.

[119] "Der Begriff der Induktion setzt immer schon voraus, daß es Naturgesetze gibt, also dasjenige, was gerade durch die Induktion erschlossen werden sollte [...] Auch der Falsifikationsgedanke setzt voraus, daß es konstante Naturgesetze gibt, und dieser Satz, der so etwas wie die moderne Naturwissenschaft, ja planende Erfahrung erst möglich macht, muß [damit] als synthetischer Satz a priori eingestuft werden" (KG, 79) - und bedarf deshalb einer besonderen Begründung. "Die Naturwissenschaft kann so trotz ihres Universalitätsanspruches ihre eigenen Prinzipien begründungstheoretisch nicht einholen" (DM, 122).

[120] Dies gilt für Hösle im Prinzip für alle deskriptiven Wissenschaften, insbesondere die Sozialwissenschaften. "Als deskriptive Wissenschaften können die Sozialwissenschaften nur beschreiben, welche Werte bestimmte Gesellschaften haben; sie können bestenfalls - im Funktionalismus und in der Systemtheorie - erklären, was die Funktion bestimmter Werte für das Bestehen einer Gesellschaftsform ist. Aber *als* Sozialwissenschaften können sie gewiß nicht entscheiden, ob die Werte der christlichen Urgemeinde oder die der SS besser sind".
Was Hösle speziell an Max Webers Position, der das Postulat der Wertfreiheit für die Sozialwissenschaften stringent forderte, stört ist, dass er dabei "ständig unterstellt, daß die Frage, welche Werte die besseren seien, *überhaupt nicht* rational beantwortet

Vittorio Hösle

Zweierlei ist für Hösle vielen Ansätzen moderner Philosophie gemeinsam: Erstens die Bedeutung intersubjektiver Strukturen und zweitens die fehlende bzw. unvollständige Reflexion auf das Geltungsproblem[121], wobei die Entdeckung zahlreicher zum begrifflichen Umfeld der Intersubjektivität gehörenden Phänomene und Probleme die bleibende Leistung der Moderne ausmachen. Die Verbindung der Intersubjektivität mit der Reflexivität stellt für Hösle das bleibende Verdienst von Apel und der ihm folgenden Transzendentalpragmatik dar. Gleichwohl sieht er die Transzendentalpragmatik als "endliche" Philosophie an, da ihr begründungstheoretisches Prinzip *nicht* das Prinzip des Seins ist. Kernstück bei Apel ist für Hösle die Überwindung des "methodischen Solipsismus". Darunter verstehe Apel die Überzeugung, "daß im Prinzip 'einer allein' etwas *als* etwas erkennen und dergestalt Wissenschaft treiben könne" (KG, 116), die Auffassung also, die Möglichkeit und Gültigkeit der Urteils- und Willensbildung prinzipiell ohne die *transzendentallogische Voraussetzung einer Kommunikationsgemeinschaft* als konstitutive Leistung des Einzelbewusstseins zu verstehen, obwohl der Mensch, auch empirisch gesehen, ein Gesellschaftswesen sei. Apels Anspruch jedoch, eine *Begründung der Ethik* zu leisten, ist für Hösle zwei-

---

werden könne - also nicht nur nicht von der Sozialwissenschaft, sondern auch nicht von der Philosophie. Nun könnte dies zwar so sein - aber klar ist erstens, daß dies eine philosophische These ist, zu deren Begründung eine spezifisch *philosophische* Argumentation nötig ist, zu der ein Sozialwissenschaftler als Sozialwissenschaftler ebenso wenig befähigt ist, wie zu der Klärung der Frage, welche Werte die besseren seien [...] Und zweitens begreift Weber nicht, daß sein Appell an die intellektuelle Ehrlichkeit des Wissenschaftlers [...] immer schon voraussetzt, daß etwa intellektuelle Ehrlichkeit mehr als eine subjektive Präferenz ist" (KG, 81).

[121] "Das gilt einerseits für Fragen der praktischen Philosophie - weder Wittgenstein noch Heidegger noch Gadamer haben eine Antwort auf die Frage 'Was sollen wir tun?' Andererseits gilt das für ihre eigene Position. Doch nicht nur rechtfertigen sie nicht ihre eigenen Aussagen, sie sagen Dinge, die mit dem, was sie präsupponieren müssen, damit diese Dinge sei es verstanden, sei es als wahr erkannt werden können, schlicht und einfach inkonsistent sind" (KG, 99). Dies trifft für Hösle auf fast alle nachhegelsche Philosophien genauso zu wie auf viele wissenschaftliche Theorien. "Sie sind selbstwidersprüchlich, weil sie das, was sie selbst präsupponieren - die Möglichkeit philosophischer Wahrheit -, entweder ausdrücklich negieren oder zumindest nicht begründend einholen" (KG, 109).

felsohne die philosophisch originellste und weltanschaulich wichtigste Leistung, gerade deshalb, weil für Hösle die bedeutendsten ethischen Theorien des 20. Jahrhunderts von vornherein auf eine Begründung verzichten[122]. Apel verstehe unter Letztbegründung die *reflexive Begründung von Prinzipien*, die allerdings *nicht formallogisch* zu leisten sei, da formale Logik nur die Begründung *aus* Prinzipien zu leisten vermag.

"Jenes Argument lautet in erster Annäherung: Wer argumentiert, setzt immer schon voraus, daß er im Diskurs zu wahren Ergebnissen gelangen kann, d.h. daß es Wahrheit gibt. Er setzt ferner voraus, daß der Gesprächspartner, mit dem er redet, im Prinzip der Erkenntnis der Wahrheit fähig ist; er hat ihn damit im empathischen Sinne als Person anerkannt. Die Argumentationssituation ist für jeden Argumentierenden unhintergehbar; ein Versuch, mit dem Anspruch auf Wahrheit sich aus dieser Situation herauszureflektieren, ist hoffnungslos inkonsistent" (KG, 125)[123].

---

[122] Dabei ist für Hösle in der Tat nicht zu leugnen, dass eine Begründung der Ethik besonderen Schwierigkeiten ausgesetzt ist, denn sie kann "nicht empirisch sein - sind doch, aufgrund des Verbotes des naturalistischen Fehlschlusses, normative Sätze auf empirische Sätze nicht zurückführbar (bzw. auf empirische Sätze nur dann, wenn diese mit apriorischen verbunden sind" (KG, 123).

[123] "Apel hat die logische Struktur dieser transzendentalen Reflexion immer schärfer herausgearbeitet. Er erkennt klar, daß es sich um ein Argument handelt, das der Form nach von einer formallogischen Deduktion völlig verschieden ist; während eine solche prinzipiell hypothetisch sei - *wenn* die Axiome gelten, gelten die Theoreme - und als solche prinzipiell keine Letztbegründung leisten könne, sei diese, als Selbstbegründung durch eine reflexive Besinnung, der Philosophie und nur der Philosophie möglich. Gerade durch die Struktur reflexiver Besinnung auf das immer schon Präsupponierte biete einen Ausweg aus dem Münchhausentrilemma, das in der Gegenwart [...] gegen jede Möglichkeit von Letztbegründung geltend gemacht wird" (KG, 126).

3.1.2 Kritik und Weiterentwicklung der Transzendentalpragmatik

Metaethisches Anliegen von Hösle ist ein moralischer Realismus, "für den die grundlegenden Sätze der Ethik kategorische, von menschlichen Neigungen und geschichtlichen Entwicklungen unabhängige, apriori erkennbare Imperative sind, die in einer gewissen Weise auch die Natur und Geschichte bestimmen" (KG, 274). Zwar begründet weder das Sein das Sollen, noch aber sind Sein und Sollen für Hösle gänzlich voneinander geschiedene Seinssphären. Das Sollen ist für ihn vielmehr, wenigstens zum Teil, die Grundlegung des Seins. Der Aufweis der "irreduziblen Transzendenz des Normativen" gegenüber allem Faktischen muss für Hösle reflexiv erfolgen, weshalb er an den Einsichten der Transzendentalpragmatik festhält. Mit dem Letztbegründungsbeweis will Hösle vor allem jene metaethische Theorie zurückweisen, für die es keine kategorischen, sondern immer nur hypothetische Imperative gibt, denn für ihn ist jeder normative oder evaluative Satz synthetisch a priori (obgleich nicht jeder synthetisch-apriorische Satz normativ oder evaluativ ist). Umgekehrt führt "die Negation der Existenz solcher Sätze notwendig zur Vernichtung der Ethik" (PP, 23, Hervorhebung durch A.R.). Trotz der argumentativen Strenge, mit der für Hösle die Transzendentalpragmatik an unbedingten ethischen Pflichten festhält, unterschlägt sie für ihn dennoch ganze Disziplinen. Naturphilosophie spielt kaum eine Rolle und Überlegungen zur Philosophie der Mathematik sowie Reflexionen über Ästhetik und Religionsphilosophie suche man vergebens, genauso wie eine Unterscheidung von (natur-) rechtlichen und moralischen Normen innerhalb der praktischen Ethik ignoriert würden. Dies ist für Hösle aber unerlässlich, denn auch und gerade für eine letztbegründete Ethik müssen sich materiale Gehalte angeben lassen.

3.1.2.1 Das Problem der Letztbegründung

Grundsätzlich geht es bei jeder Letztbegründung um die Frage, ob *jede nicht empirische Erkenntnis hypothetisch* ist[124], denn "ein Satz ist [nur] dann voraussetzungslos wahr, wenn zu seiner Begründung keine weiteren Sätze erforderlich sind" (KG, 145). Dies impliziert für Hösle nicht, dass der geistige Akt des Erfassens eines solchen Satzes keine genetischen Voraussetzungen hätte - im Gegenteil. Nur sind für ihn, wie überall, Genese und Geltung sauber zu trennen, genauer ist zwischen den *Voraussetzungen der Wahrheit* einer Theorie und den *Voraussetzungen der Erkenntnis der Wahrheit* zu unterscheiden. *Nur wenn es eine nicht-hypothetische Erkenntnis gibt*, kann man für Hösle sinnvoller- weise von einem *kategorischen Imperativ* ausgehen[125] und nur dieser kann Kriterien dafür bieten, legitime Ziele von illegitimen abzugrenzen. Bei rein hypothetischen Imperativen dagegen hängen die Ziele von der persönlichen Präferenz ab und können nur auf ihre zweckmäßige

---

[124] "Können wir immer nur sagen: *Wenn* a, *dann* b; oder gibt es Fälle, bei denen wir, ohne irgendwelche im Prinzip beliebige Voraussetzungen, sagen können: a gilt ohne Wenn und Aber (a mag dabei der Widerspruchssatz, der kategorische Imperativ oder anderes sein - es geht zunächst gar nicht um seinen Inhalt)?". Den massiven Widerstand der Gegenwartsphilosophie gegen die Möglichkeit von Letztbegründung führt Hösle konsequenterweise auf die "zutreffende Einsicht" zurück, "daß das Problem der Letztbegründung nicht ohne Folgen für unser Leben sein kann" (KG, 144).

[125] Für Hösle ist das keineswegs die einzige Möglichkeit, am kategorischen Imperativ festzuhalten. In der klassischen Philosophie wurde dies überwiegend mit Intuition als einem Erkenntnisvermögen getan, "das nicht-empirische erste Prinzipien ohne jede argumentative Vermittlung unmittelbar erfaßt". Anzuerkennen ist dabei für Hösle, dass der Prozess des Einsehens bei jeder Erkenntnis eine notwendige Rolle spielt. "Aber die Intuition in jenem [...] Sinne meint mehr. Denn dort ist das Einleuchten nicht nur notwendige, sondern auch hinreichende Bedingung für ein Wahrheitserlebnis, ja für die Wahrheit des Satzes selbst" (KG, 148). Die Theorie der Letztbegründung expliziert dagegen für Hösle, was der Intuitionismus nur voraussetzt, die "dialektische Kohärenz als notwendige und hinreichende Bedingung für die Begründung der eigenen Wahrheit" (KG, Fußnote 18, 158).

Vittorio Hösle

Operationalisierung hin sinnvoll kritisiert werden, nicht jedoch auf ihren Inhalt.

> "Die Ethik bedarf kategorischer Imperative; ohne solche kategorischen Imperative würde sie sich auf eine Lehre strategischer Techniken reduzieren, die uns lehren, möglichst viel Glück, Macht, Geld, sexuelle Lust und was auch immer Menschen erstreben, zu erreichen" (PP, 24).

Ein bedeutendes Argument gegen die Letztbegründung stellt für Hösle das Münchhausentrilemma dar[126]. Nach diesem ist jede Erkenntnis nichtempirischer Natur hypothetisch, d.h. es lässt sich immer nur sagen, dass etwas unter der Voraussetzung von etwas anderem gilt. "Alle apriorische Erkenntnis ist in dieser Perspektive bedingt, keine unbedingt (absolut)" (KG, 153). Daraus folgt konsequenterweise, dass es keine Letztbegründung geben kann. Das Resultat dieser Aussage ist aber selbst hochproblematisch, da der (weder analytische noch empirische) Satz "Letztbegründung ist unmöglich" für Hösle eine Unmöglichkeitsbehauptung aufstellt, die in eine Notwendigkeitsaussage überführbar ist und damit, begründungstheoretisch, als letztbegründete Aussage verstanden werden kann.

> "'Letztbegründung ist unmöglich' heißt somit 'Es ist letztbegründet, daß es keine Letztbegründung gibt', und dieser Satz ist offenkundig dialektisch widersprüchlich. Aus dem Münchhausentrilemma folgt vielmehr, daß es selbst eine geltungstheoretische Voraussetzung macht, die nicht in irgendeinem starken Sinne des Wortes notwen-

---

[126] Das Münchhausentrilemma "besagt, eine letzte Begründung sei nicht möglich, denn entweder werde der begründende Satz selbst begründet - das aber führe in den infiniten Regreß oder zu einem Zirkelbeweis; oder aber man verzichte auf seine Begründung - das aber sei dogmatisch und beliebig" (KG, 126). Bemerkenswert daran ist für Hösle, dass nach dem Münchhausentrilemma jede Erkenntnis nicht empirischer Natur hypothetisch ist, es sich also immer nur sagen lasse, dass etwas unter der Voraussetzung von anderem gelte.

Vittorio Hösle

dig ist, eine Voraussetzung also, die man machen kann oder nicht
machen kann" (KG, 154).

Notwendige *geltungstheoretische Voraussetzung* des Münchhausentrilemmas
ist, dass jede empirische Erkenntnis axiomatisch-deduktiv verfährt, also
von Axiomen ausgeht, die selbst nicht begründet werden und in einem Akt
distanzierender Reflexion als nicht notwendig wahr eingesehen werden
können. Unter *dieser* Voraussetzung gibt es für Hösle in der Tat keine
Letztbegründung, unter anderen Prämissen kann es dann jedoch sehr wohl
voraussetzungsloses Denken geben[127].

"Gibt es wirklich nicht-hypothetische apriorische Erkenntnis, dann
hat es keinen Sinn zu sagen, diese Erkenntnis gebe es nur, wenn wir
bestimmte (nicht notwendig wahre) Voraussetzungen über das
menschliche Denken usw. machen - denn dann wäre sie eben keine
voraussetzungslose Erkenntnis. Gibt es auch nur eine einzige letztbegründete Erkenntnis, dann ist der Satz, daß es letztbegründete Erkenntnis gibt, der unmittelbar aus jener Erkenntnis folgt, ebenso
voraussetzungslos gültig, d.h. letztbegründet wie diese" (KG, 156).

Gegenüber deduktiver Erkenntnis muss für Hösle nun bei *Erkenntnis in
Form von Reflexion* mit Letztbegründung gerechnet werden[128]. Dazu ist es

---

[127] "Das Trilemma besagt also, daß es unter der Voraussetzung, daß nur deduktive Erkenntnis und somit per definitionem keine Letztbegründung möglich sei, keine Letztbegründung gebe - eine in der Tat plausible Annahme, die sich auf die Tautologie 'a
impliziert a' reduziert" (KG, 154).
[128] Wenn es nicht-hypothetische Erkenntnis nur unter bestimmten Voraussetzungen
gibt, dann hängt ihre Geltung von Hypothesen ab und ist damit nicht notwendig
(letztbegründet). Die Selbstapplikation offenbart den dogmatischen Widerspruch.
Von geltungstheoretisch größerem Interesse ist für Hösle dagegen der Versuch des
"toleranten Metarelativisten". Für diesen sei zwar die Zurückweisung von Letztbegründung als selbst dogmatisch zurückzuweisen, aber dasselbe gelte für die Position, die Letztbegründung als notwendig statuiere. *Letztbegründung sei dann eben nur
möglich, also kontingent,* und nicht notwendig. Für den Metarelativisten stellen Relativismus und Absolutismus (der Letztbegründung) zwei gleichberechtigte Positionen

Vittorio Hösle

aber notwendig, neben dem Gegenstand der Aussage auch diese selbst, vor allem ihre Anwendung auf sich im Blick zu behalten. Auffallend ist für Hösle zunächst, dass der Beweis für die Notwendigkeit von Letztbegründung ein negativer sein muss, d.h. dass Letztbegründung deshalb auf keinem direkten Beweis basieren kann, weil dies in den infiniten Regress führt. Klar ist für ihn dann auch, dass ein *apagogischer Beweis* in der Philosophie z.b. von demjenigen der Mathematik unterschieden sein muss, da im Letztbegründungsbeweis Tätigkeit und Gegenstand, Subjekt und Objekt koinzidieren.

> "Der Beweis beweist in letztbegründeter Form, daß es letztbegründete Beweise gibt [...] Da aber die Notwendigkeitsaussage keine Tautologie ist, kann der Widerspruch in jenen Aussagen nicht semantischer Natur sein - er muß pragmatischer (oder performativer) Natur sein. Der Widerspruch besteht also nicht zwischen zwei Satzteilen, etwa Subjekt und Prädikat, sondern zwischen dem, was der Satz als Satz, der ernst genommen werden will, immer schon präsupponiert, und dem, was er behauptet, zwischen dem, was er ist, und dem, was er sagt" (KG, 159f).

Die Aussage "Letztbegründung ist unmöglich" beansprucht ihrer Form nach selbst Letztbegründung, während sie diese zugleich verleugnet. Dieser pragmatische Widerspruch könnte zwar in einen semantischen überführt werden, für Hösle würde man jedoch die Pointe reflexiver Argumente verfehlen, wenn man diese axiomatisierte, denn man fiele von der reflexi-

---

dar. Doch damit widerspricht er sich bereits, denn "indem er beide für gleichberechtigt erklärt, hat er sich in Wahrheit für die erste entschieden. Denn der Absolutismus wird nicht ernst genommen, wenn er bloß als eine gleichwertige Möglichkeit angesehen wird, während der Relativismus keineswegs auf eine größere Anerkennung Anspruch erheben kann. Zwischen Absolutismus und Relativismus besteht in diesem Sinne eine absolute Asymmetrie, der derjenige nicht gerecht werden kann, der sich auf die Metaebene zurückzieht und sich einbildet, dadurch über den Parteien zu schweben" (KG, Fußnote 17, 155f).

ven wieder auf die axiomatische Ebene zurück[129]. Gerade die Überschrei-
tung der axiomatischen Ebene ist aber das Ziel von Letztbegründungsbe-
weisen und indem man sich weigert, darauf zu reflektieren, dass der eigene
Einwand Wahrheit und Letztbegründung immer schon voraussetzt, zeigt
man für Hösle, dass der Sinn des Beweises nicht begriffen wurde[130]. Reflexive Argumente sind für ihn deshalb ein *Drittes* zu *Deduktion und Intuition*,
eine Verkürzung im Sinne der einen oder anderen Ebene geht an ihrem
Wesen vorbei. "Wie gesagt, sind letztbegründete Sätze Sätze, deren Negation pragmatisch widersprüchlich sind. Sie sind keine analytischen Sätze, da
ihre Negation nicht semantisch widersprüchlich ist" (KG, 160).

Deshalb könne Apel zu Recht beanspruchen, die Struktur letztbegründeter
Sätze in einer bisher unerreichten Weise präzisiert und den fraglichen Widerspruch in der Negation des zu beweisenden Satzes als einen pragmatischen, nicht einen semantischen erkannt zu haben. So treffe Apels Letzt-
begründungsformel, wonach ein Satz p als letztbegründet zu gelten habe,
wenn er a) nicht ohne pragmatischen Widerspruch bestritten und b) nicht
ohne dass sein Geltung vorausgesetzt würde bewiesen werden könne,
durchaus das Wesentliche. Die Bedingung a) ist für Hösle die einzige Möglichkeit, den infiniten Begründungsregress des direkten Beweises zu ver-

---

[129] "Es ist zwar so, daß sie [die pragmatischen Widersprüche] sich durch *Explikation* in
semantische überführen lassen, aber diese Explikation ist nur durch einen Akt der *Reflexion* möglich, der keineswegs durch Deduktion aus dem semantischen Inhalt zu
gewinnen ist" (TGE, 368).

[130] Für Hösle scheint dabei die Kritik, dass der Letztbegründungsbeweis einige Prinzipien der klassischen Logik, wie z.B. den Satz vom zu vermeidenden Widerspruch o-
der das tertium non datur, voraussetzt, in der Tat zuzutreffen. Der Witz des Letztbegründungsbeweises besteht für ihn jedoch "gerade darin, das axiomatische Modell
des Beweises zu transzendieren, und man verfehlt seine Pointe, wenn man bei der
Analyse des zugegebenermaßen schwierigen Verhältnisses von formaler und transzendentaler Logik auf ein formallogisches Modell zurückfällt" (KG, 164).
Damit stellt sich ein Problem insofern ein, *als Hösle m.E. dann doch einen formallogischen
Beweis für die Richtigkeit des Letztbegründungsbeweises anführt* (Vgl. dazu KG, 155 - 159).
Hier stellt sich die Frage, warum er das tut, wenn es sich doch um einen performati-
ven Widerspruch handelt?

Vittorio Hösle

meiden während b) zwar zunächst befremden könnte, aber nur die andere Seite desselben Zusammenhangs und keine petitio principii darstellt[131].

Dass sich letztbegründete Sätze als Präsuppositionen voraussetzen ist ein Verhältnis, das durch kein mögliches Axiomsystem zu umgehen ist. Dass sie das tun heißt im Umkehrschluss aber auch, dass ihre Negation sie prä-supponieren - anders als die petitio principii einer formalen Theorie. Jede These, auch die der Letztbegründung, muss für Hösle natürlich die Mög-lichkeit eines Irrtums einräumen. Dies widerspricht jedoch nicht prinzipiell einer Letztbegründung, denn Bedingung der Möglichkeit aller Falsifikati-onsmethoden ist, dass es Wahrheit und Falschheit gibt und dass der Satz vom Widerspruch gilt[132]. Wer selbst dies bestreitet hebt jede Möglichkeit von Falsifikation, und damit den Sinn von Zweifel auf. Wer bei der Aus-führung von Kritik also auf verbindliche Methoden verzichtet, zerstört die Idee von Kritik. Mit der Unterscheidung von semantischen und pragmati-schen Widersprüchen habe Apel eine wichtige kategoriale Differenzierung in die Erste Philosophie (Metaphysik) eingeführt. Aber nicht alle Sätze, die mithilfe seiner Formel letztbegründet werden können, sind philosophisch auch interessant. Für Hösle ist diejenige Kategorie von Sätzen entschei-dend, die qua Sätze, also unabhängig von bestimmten Situationen und Per-sonen unhintergehbar sind. Den Widerspruch in Sätzen dieses Typs nennt Hösle dialektisch und er kommt Sätzen an sich zu, "und zwar unabhängig davon, wer, ja ob sie überhaupt ein endliches Wesen ausspricht" (KG, 177). In der Reflexion darauf kann erkannt werden, das die Wahrheit des Letzt-

---

[131] "Denn unter petitio principii versteht man in der Regel den Beweis eines Satzes unter Rückgriff auf ihn als Prämisse, also um einen Vorgang auf der objektivierten proposi-tionalen Ebene; das Voraussetzungsverhältnis, von dem hier die Rede ist, spielt sich aber auf der performativen Ebene ab" (KG, 163).

[132] Deutlich wird hier, dass für Hösle der Widerspruchssatz Bedingung der Möglichkeit jeder Kritik ist und wer diesen aufgibt, sich selbst der Möglichkeit andere Positionen immanent zu kritisieren beraubt. "Allgemein gibt es zu fast allen Problemen drei mög-liche philosophische Positionen: zum Problem der Begründung die des naiven Dog-matismus, der seine Prinzipien aus Evidenzen bezieht, die des sich selbst aufheben-den totalen Relativismus und die der sich selbst begründenden Transzendentalphilo-sophie" (KG, Fußnote 27, 165).

begründungsbeweises nicht vom Akt der Reflexion selbst abhängen kann. Gerade wenn der Letztbegründungsbeweis einen objektiven Geltungsanspruch erhebt, kann er nicht von einem privaten Akt[133] abhängen. Eine Umwandlung in eine subjektivitäts- und reflexionslose axiomatische Theorie würde dagegen seine Zerstörung bedeuten.

"Ein Drittes jenseits von objektivierender Abstraktion und strikter Reflexion ist vielmehr erforderlich - die Annahme, daß der Beweis zwar eine objektive, jeder endlichen Subjektivität und Intersubjektivität vorausgehende Struktur aufdeckt, daß er aber gleichzeitig selbst das Werk einer absoluten Reflexion ist. Im Philosophen, der den Letztbegründungsbeweis denkt, ist das Absolute präsent: er hat teil an einer Struktur, die das Prinzip alles Seins, aller Erkenntnis, allen Wertes ist" (KG, 178).[134]

3.1.2.2 Letztbegründung, Intersubjektivität und Ethik

Hösle greift den zentralen Ansatz der Verantwortung bei Jonas auf, um das Dilemma aufzuzeigen, in das die Transzendentalpragmatik (und die ihr folgende Diskursethik) gerät, wenn sie strikt an formalen Prinzipien ohne materiale Gehalte festhält. Für einen konsequenten Diskursethiker wäre nämlich die Entscheidung, einstimmig gefasst, moralisch, welche es der

---

[133] Wenn man vom Letztbegründungsbeweis ausgeht, ist für Hösle auch jeder Versuch "das in ihm Bewiesene als bloß subjektiven (oder meinetwegen intersubjektiven) Denkzwang zu entwerten, dialektisch widersprüchlich". Der genaue Beweisgang erfolgt in KG auf S. 187ff.

[134] Allerdings will Hösle dies streng von einem "platonische Ideenhimmel" unterschieden haben, denn erstens beschreibt der Letztbegründungsbeweis "eine reflexive Struktur, und zweitens kann er selbst dem Absoluten nicht äußerlich sein [...] Es kommt alles darauf an, das Absolute nicht (wie in den fideistischen Theologien) als einen dem endlichen Denken äußerlichen Gegenstand zu fassen - es ist vielmehr das Wesen des Denkens, sein innerster Kern, dem das Denken sich nicht als einem übermächtigen Objekt zu unterwerfen hat, sondern in dem allein es frei ist" (KG, 179).

Vittorio Hösle

Menschheit erlauben würde, weitere 10 Jahre Alles voll zu genießen (und dabei die Natur unwiederbringlich zu zerstören), um danach unterzugehen. Für einen materialen Ethiker wie Jonas wäre dies dagegen der "Gipfel der Unmoral" und damit hätte er für Hösle auch Recht. Die Pflicht, auf diesem Planeten menschliches Leben zu erhalten, lässt sich dabei nicht auf die Rechte kommender Generationen gründen, denn diese gibt es noch nicht, ja mit dem gegenwärtigen Verhalten wird über ihre Existenz erst entschieden. Auch kann man für Hösle nicht sagen, es handele sich bei den kommenden Generationen um schon existierende potenzielle Vernunftwesen.

> "Man wird vielmehr von einer Pflicht nicht gegenüber anderen Menschen, sondern unmittelbar gegenüber dem Sittengesetz ausgehen müssen, das die Erhaltung von Wesen, die das Sittengesetz zu erfassen vermögen, kategorisch gebietet. Wenn das Hervorbringen von Vernunftwesen das Telos der Natur darstellt, die nur in ihnen zu sich kommt, dann kann es nicht ein erlaubtes Ziel menschlicher Geschichte sein, daß sich die Menschen selbst vernichten" (KG, 258).[135]

Wie verhält es sich nun mit formalen ethischen Kriterien und materialen Inhalten? Dazu muss für Hösle an der Wahrheitstheorie der Transzendentalpragmatik angeknüpft werden. Die Theorie, dass Wahrheit das ist, was im Konsens anerkannt wird, ist für Hösle entweder tautologisch oder falsch - zumindest für den theoretischen Diskurs. Richtig daran sei nur, dass das Wahre in einem trivialen Sinn von allen Vernunftwesen anerkannt wird. Diese Äquivalenz kann aber nur sinnvoll aufrechterhalten werden, wenn

---

[135] Der gleiche Gedanke, der den (materialen) ethischen Bezug zu Jonas deutlich macht, findet sich in PÖK, 77 (Hervorhebung durch A.R.): "Wenn der Mensch das höchste Wesen ist, eben weil er die Stimme des Sittengesetzes vernehmen kann, dann wäre eine Welt ohne Menschen wertmäßig einer Welt mit den Menschen absolut unterlegen; Handlungen und Unterlassungen, die zu einer solchen Welt führen, sind daher das Unmoralischste, was man sich vorstellen kann. Sicher kann man nur im übertragenen Sinne von Rechten kommender Generationen sprechen; wohl aber ist es die Menschheit, *die Idee des Menschen*, die einen unbedingten Anspruch hat, sich auch in kommenden Generationen zu realisieren".

100

zugleich anerkannt ist, dass die Wahrheit (z.B. einer Aussage) nicht selbst von der Anerkennung abhängt, sondern über die bloß faktische Zustimmung hinausreichende Wahrheitskriterien voraussetzt. Das gilt für Hösle auch für den Konsens, denn "ein Konsens ist nur dann ein rationaler, wenn er bestimmten dem Konsens vorausgehenden Kriterien folgt - nämlich denjenigen von Evidenz und Kohärenz [...] Der Konsens ist nie, auch nicht in der von Apel bemühten Konfliktsituation, ein Wahrheitskriterium" (KG, 199f).

Dennoch hat die Transzendentalpragmatik in den Augen von Hösle die richtige Intuition, die *Intersubjektivität als höchste Form der ethischen Verpflichtung* zu sehen. Dies kann für Hösle jedoch *nicht mehr transzendental*, sondern nur noch *spekulativ* aufgewiesen werden[136]. Allein die Einsicht, dass Intersubjektivität eine höhere Kategorie gegenüber der Subjektivität darstellt, kann andererseits zur Überwindung des "Theoretizismus" führen, die die Tradition des objektiven Idealismus[137] kennzeichnete, da für diesen die ein-

---

[136] Hösle argumentiert hier entgegen der Wittgensteinschen und ihm folgenden Auffassung, nach dem es keine Privatsprache geben könne, denn sein Argument gegen Privatsprachen mache *nur* Sinn, wenn es keine Letztbegründung gibt. "Zwar kann man vielleicht Wittgenstein den Satz zugeben: 'Es kann nicht ein einziges Mal nur ein Mensch einer Regel gefolgt sein.' [...] Aber wenn man den Satz wörtlich nimmt, dann kann es sich nach ihm auch dann um eine Regelbefolgung handeln, wenn *ein* Mensch *mehrmals* einer Regel folgt - nicht nur, wenn mehrere Menschen einmal oder mehrmals einer Regel folgen" (KG, Fußnote 51, 196).
Hösle entwickelt dazu die Theorie eines Privatus, der trotzdem zu Einsicht und Wahrheit fähig ist. Seine Argumentation sei dabei *ontologisch* nicht zu bestreiten, wenngleich er sofort zugebe, dass dies empirisch-anthropologisch beim Menschen nicht möglich sei. Sinn dieser Idee ist, aufzuzeigen dass es sich bei der *Intersubjektivität* gegenüber einer reinen Subjektivität (des Privatus) um *eine überlegenere Seinsform* handelt. Dies konsistent zu *begründen* schafft jedoch für Hösle nur der objektive Idealismus. Siehe dazu auch KG, 181 - 208.

[137] Darunter versteht Hösle die Annahme, dass "es synthetisch-apriorische Erkenntnis gibt und daß diese Erkenntnis zugleich Erkenntnis von etwas der subjektiv-intersubjektiven Vernunft Vorausgehendem ist" (KG, 207). Wie könnte ein solches Denken die Wirklichkeit erfassen? Dadurch, dass die Natur zwar nichts Geistfremdes, aber auch nicht Prinzipiat des endlichen Geistes ist, sondern *eines Prinzips, das Natur und endlichem Geist gleichermaßen vorausgeht* und das sich als *objektive Vernunft* fassen

Vittorio Hösle

same Erkenntnis des Absoluten den höchsten Punkt der Ethik darstellte. Allein auf dieser Basis könne man auch Apel zustimmen, dass sich die E-thik durch einen erkenntnistheoretischen Solipsismus nicht begründen lasse. Allerdings kann man für Hösle Apel selbst vorwerfen, dass er dem *methodischen Solipsismus* weiter verhaftet bleibt. Zwar gebietet der ernsthafte Wille zur Rationalität die Anerkennung und Gleichbehandlung jedes anderen Vernunftwesens kategorisch, aber er impliziert eben nicht, dass *intersubjektive Beziehungen* und Institutionen etwas Affirmativeres darstellen als bloße Gerechtigkeit[138], sich also *als Selbstzweck* wissen[139]. Mit dem methodi-

---

läßt.

"Sie ist zugleich der Grund aller Geltungsansprüche, aller Normen und Werte - denn die eigentümliche Dimension des Normativen und Idealen ist für den objektiven Idealismus gegenüber allem Faktischen (also Natur, subjektivem und intersubjektivem Geist) transzendent. Diese objektive Vernunft kann nicht sinnlich wahrgenom- men werden; auch ist sie nicht Gegenstand der Introspektion oder der Interpretation. Sie ist Gegenstand des Denkens" (KG, 208). Die Gründe *für* einen objektiven Idealismus führt Hösle auf den Seiten 209 - 223 auf.

[138] Insbesondere in der Begründung, dass, wer wirklich die Wahrheit über eine Sache wissen wolle von anderen lernen könne, zeige sich der methodisch-solipsistische Charakter der Transzendentalpragmatik. Das Hauptproblem dieser Begründung besteht für Hösle darin, "daß er von einer empirischen Prämisse abhängt - nämlich der, daß ich von anderen lernen kann [...] aber unabhängig von diesem Sonderfall [des von Hösle skizzierten Privatus] ist, denke ich, den meisten klar, daß es Menschen gibt, von denen sie nichts lernen können, die sie aber trotzdem zu respektieren haben. Das gilt nicht nur mit Bezug auf geistig Behinderte, Senile, Kinder, denen wohl die Transzendentalpragmatiker keine Rechtssubjektivität abstreiten wollen [...] wenn man den anderen nur achten soll, weil er einem möglicherweise bei der Erkenntnis der Wahrheit helfen könnte, so wäre es legitim, daß dort, wo die Mißachtung eines anderen unerläßliche Bedingung für eine bestimmte Wahrheitserkenntnis ist, die ich durch bloßes Argumentieren nie erreichen kann, ich diese Mißachtung, um des letzten Zwecks der Wahrheitserkenntnis willen, als das kleinere Übel in Kauf nehme [...] dann würde der andere immer nur instrumentalisiert, zwar nicht physisch, aber doch intellektuell; und auch eine intellektuelle Instrumentalisierung bleibt eine Instrumentalisierung" (KG, 242f).

[139] Dennoch muss für Hösle anerkannt werden, dass nur eine Philosophie, die sich um Letztbegründung bemüht, eine normative Idee wie die Ethik auch begründen kann. Zugleich muss auch anerkannt werden, dass "die Kategorie der Intersubjektivität für eine Begründung der wichtigsten ethischen Pflichten unabdingbar ist" (KG, 241).

schen Solipsismus ist das transzendentalpragmatische Grundanliegen, kommunikatives gegenüber strategischem Verhalten auszuzeichnen, für Hösle nicht zu erfüllen. Gleichzeitig sei nicht allzu viel damit getan, die Wahrheit nur zu erkennen: "sie intersubjektiv zu verwirklichen ist die eigentliche und höchste Aufgabe" (KG, 220). Für die Ethik lässt sich das Dilemma der Transzendentalpragmatik nach Hösle folgendermaßen formulieren:

"Entweder gilt (in einem normativen Sinn) etwas, weil es allgemein anerkannt worden ist - dann aber ist man kollektivem Wahnsinn gegenüber per definitionem stets im Unrecht. Oder etwas soll anerkannt werden, weil es gilt, weil es rational ist, es anzuerkennen - dann brauchen wir aber materiale Kriterien, die uns gestatten, einen vernünftigen Konsens von einem unvernünftigen zu unterscheiden" (KG, 248f).

Solche Kriterien glaube die Transzendentalpragmatik nicht nötig zu haben und vermag sie deshalb auch nicht zu geben, wobei für Hösle Ausgangspunkt dieser Überlegung die "verhängnisvolle Überzeugung" ist, dass es in der Tat *praktische Fälle* gibt, in denen der Konsens als solcher vollständig ausreicht, eine Norm zu legitimieren. Bei *material nicht kontingenten Normen* gibt es jedoch materiale Inhalte, die a-priori gelten (müssen), "ganz unabhängig davon, ob sie allgemein anerkannt werden". Die traditionelle Ethik geht für Hösle deshalb zu Recht davon aus, dass wechselseitiges Einvernehmen den unmoralischen Charakter einer Handlung zwar mindern kann, aber keineswegs beseitigt. Durch ihren Formalismus unterbietet die Transzendentalpragmatik in den Augen von Hösle "selbst das Niveau an materialer Intersubjektivität, das bereits Kant erreicht hat".

"Da die Transzendendtalpragmatiker mit großer Klarheit begriffen haben, daß ohne Letztbegründung keine Ethik möglich ist, ist es erstaunlich, daß sie nicht einsehen, daß ohne materiale Prinzipien, ja ohne eine Wert- und Güterhierarchie kein rationaler Konsens über ethische Frage zu erzielen ist - obwohl das eine so klar ist wie das andere. Wenn für A W_1 der höchste Wert ist, für B hingegen der höchste Unwert - wie soll ein Konsens zwischen beiden möglich sein? Offenbar doch nur dann, wenn eine Methode existiert, um über die Rationalität von Werten zu entscheiden (etwa weil sie aus

Vittorio Hösle

bestimmten metaphysischen Prinzipien folgen) - diese Methode muß
aber dem Diskurs vorausgehen, kann sie doch allein garantieren,
daß man in ihm zu einem Konsens kommen kann" (KG, 251).

Worum es Hösle in der ganzen Auseinandersetzung geht ist die "simple
Einsicht", dass ohne eine Werthierarchie, deren Geltung nicht aus dem faktischen Konsens resultiert, sondern ihn erst rational macht, moralische Fragen nicht rational gelöst werden können[140], ganz abgesehen von dem Problem, in einer endlichen Zeit die Meinung aller Mitglieder einer "unbegrenz-
ten Kommunikationsgemeinschaft" einzuholen[141]. Nach Hösle muss ein
Dezisionismus[142], der in der irrationalen Entscheidung für bestehende Werte gründet, zwar abgelehnt werden, doch ist dies von der schlichten Einsicht zu trennen, "daß man sich im Leben innerhalb bestimmter Fristen ent-

---

[140] "Nicht minder abwegig ist die Auffassung, alle Probleme ließen sich dadurch lösen,
daß man zwischen Bedürfnissen Kompromisse schließe. Denn natürlich muß man
zwischen *ethisch gleichberechtigten* Bedürfnissen Kompromisse schließen können - aber
dazu braucht man ein Kriterium, das uns zu entscheiden erlaubt, warum etwa das
Bedürfnis nach schrankenloser sexueller Befriedigung oder nach sadistischer Miß-
handlung des Mitmenschen nicht denselben moralischen Anspruch hat wie das Bedürfnis nach Bekämpfung des Welthungers" (KG, Fußnote 111, 252).

[141] Die Metanorm der Transzendentalpragmatik, dass nur das als verbindlich angesehen
werden kann, was sich im idealen Diskurs als akzeptabel erweist, krankt für Hösle an
einem Dualismus, wie er in konkreten Diskursen, in denen entschieden werden soll,
was in der betreffenden Situation normativ gelten soll, offensichtlich wird.
"Denn das Warten auf den Konsens, d.h. das Herausschieben einer Entscheidung, ist
keineswegs allen Parteien gleich günstig. Es liegt etwas zutiefst Konservatives, den
Status quo Perennierendes und in historischen Krisenzeiten sogar etwas Verantwor-
tungsloses in der diskursethischen Weigerung, Entscheidungen als legitim zu akzep-
tieren, die nicht auf einen allgemeinen Konsens begründet sind - eine Weigerung, die
auf der Unfähigkeit basiert, zu begreifen, daß Sich-nicht-Entscheiden auch schon eine
Entscheidung ist" (KG, 253).

[142] Hierzu gehört für ihn auch der intersubjektivitätstheoretische Dezisionismus, der
immer dann auftrete, wenn es zu Lösung des Bedeutungsproblems keiner normativen
Ebene mehr bedürfe. "Wahr und gut ist [dann], was der Mehrheit so scheint -; und
diese Version des Dezisionismus ist nicht viel weniger abstoßend als die subjektivi-
tätstheoretische, auch wenn sie zur verbreiteten Ideologie sich selbst mißverstehender
Demokratien geworden ist" (KG, 185).

scheiden muß, ja daß es manchmal besser ist, die falsche Entscheidung zu treffen als gar keine Entscheidung zu treffen" (KG, 254). Jede Moralphilosophie die ernst genommen werden will, muss für Hösle (deshalb) auch rational die Notwendigkeit von Ausnahmen gegenüber absoluten Normen begründen können und darüber hinaus anerkennen, dass es Normen gibt, die nur unter bestimmten Bedingungen gelten und unter anderen ihren Sinn verlieren. Nur mit einer *Hierarchie von Werten und Gütern* kann die notwendige Verletzung eines Wertes, um mit großer Wahrscheinlichkeit einen höheren Wert zu retten, gerechtfertigt werden. Deshalb muss für Hösle nicht nur scharf zwischen kategorischen und hypothetischen, sondern auch zwischen *implikativen* und hypothetischen Imperativen unterschieden werden. Diese haben die Struktur "Unter den Bedingungen a musst du b tun", beziehen ihre Geltung jedoch nicht aus dem, was zufällig angestrebt wird. "Sie sind gültig unter Bedingungen, aber diese Bedingungen sind objektiver, nicht subjektiver Natur" (PP, 24). Sie integrieren für Hösle das empirische Wissen in ethische Entscheidungen, da sie durch einen *gemischten Syllogismus* begründet werden. Die erste Prämisse eines solchen Syllogismus ist normativer oder evaluativer Art (und hat die Struktur: "c ist ein Wert"), während die zweite Prämisse empirisch ist (und die Struktur "Unter den Bedingungen a ist b ein notwendiges Mittel um c zu realisieren" aufweist), denn als

"endliche Wesen sind wir in den meisten Fällen verzweifelt auf empirische Information angewiesen, um die richtige ethische Entscheidung treffen zu können. Dies zu bestreiten, kann nur eine vollkommene Gleichgültigkeit gegenüber den Konsequenzen unserer Handlung zur Folge haben, die einen Teil der empirischen Welt bilden" (PP, 34).

Innerhalb des Rahmens einer solchen Ethik lautet der kategorische Imperativ für Hösle dann auch: "Realisiere so viele Werte wie möglich und ziehe im Konfliktfall den höheren Wert dem niedrigeren vor" (PP, 35).

3.2 Die Philosophie der ökologischen Krise

Bis hierher lässt sich Hösles Ansatz der Begründung der Ethik kurz so zusammenfassen:

1. Der Zerstörung der Wertrationalität in der Moderne setzt die Transzendentalpragmatik eine reflexive (Letzt-) Begründung ethischer Prinzipien entgegen, die nicht zu hintergehen ist. Konstitutiv ist dabei die transzendentallogische Voraussetzung der Kommunikationsgemeinschaft.

2. Nur die sich aus Transzendentalpragmatik ergebenden synthetisch-apriorischen Sätze können im strikten Sinn einen kategorischen Imperativ und moralischen Realismus begründen. Und nur dieser wiederum macht die Unterscheidung legitimer von illegitimen Zielen und Bedürfnissen möglich.

3. Der Aufweis dieser letztbegründeten Prinzipien kann nur reflexiv über einen pragmatischen Widerspruch (eine retorsive Argumentation) erfolgen. Neben den formalen Prinzipien sind jedoch auch materiale Gehalte zu entwickeln, da nur darüber ein rationaler Diskurs überhaupt gelingen bzw. von einem unvernünftigen Mehrheitsbeschluss unterschieden werden kann.

4. Der Aufweis, dass Intersubjektivität eine höhere ethische Dimension bzw. das Absolute repräsentiert, kann nur gelingen, wenn man spekulativ über die solipsistische Methodik der Transzendentalpragmatik hinausgeht und zum objektiven Idealismus vorstößt.

5. *Implikative Imperative* ermöglichen dann die Integration empirischen Wissens sowie einer Werte- und Güterhierarchie in ethische Entscheidungen[143].

---

[143] Darüber hinaus gewährleisten diese für Hösle auch die Moralität strategischer Entscheidungen. "Normen ergeben sich gewöhnlich als Konklusionen zweier Prämissen, einer apriorischen [...] und einer empirisch-zweckrationalen [...] daraus ergibt sich un-

Dass selbst materiale Gehalte aus der Letztbegründung hervorgehen erhellt für Hösle dadurch, dass Letztbegründung zugleich "Erkenntnis einer objektiven Wirklichkeit" bedeutet. Letztbegründung muss jeder empirischen Einzelerkenntnis als Bedingung der Möglichkeit von Erkenntnis mit Wahrheitsanspruch vorausgehen, was für Hösle konsequent heißt, dass es *nichts* gibt, dem nicht der Letztbegründungsbeweis vorausginge. "Er konstituiert somit nicht nur unsere Erkenntnis, sondern auch alles Seiende"[144] (KG, 211) - wodurch sich für ihn aus dem Letztbegründungsbeweis auch einige apriorische Kategorien der Realphilosophie (Naturphilosophie) sowie materiale Gehalte einer Ethik gegenüber der Natur gewinnen lassen müssten. Für den objektiven Idealismus, der für Hösle aus dem Letztbegründungsbeweis selbst abzuleiten ist, ist Natur *real* und Grundlage aller endlichen Subjektivität und Intersubjektivität, denn sie geht ihr als solches voraus. Da die Natur aber von der "idealen Sphäre" konstituiert ist, kann sie zugleich nichts Geistfremdes sein. Sie ist für ihn eine "Schöpfung des Absoluten, in die nicht ohne Grund eingegriffen werden kann. Die Natur ist etwas, das allem Machen vorausgeht und das insofern als Gleichnis des Unbedingten gelten muß"[145] (KG, 226). Trotz der "Prinzipiierung" durch das Absolute ist Natur

---

ter bestimmten Bedingungen die Pflicht [...] [etwas] zu tun. Daß und unter welchen Bedingungen menschliches Leben ein Wert sei, ist ohne Zweifel kein empirischer Satz; aber erst die Medizin als zweckrationale Wissenschaft trägt in vielen Fällen zur Bewahrung des entsprechenden Wertes bei. Das Beispiel zeigt, glaube ich, deutlich, warum eine generelle Ablehnung der Zweckrationalität absurd ist - gefährlich ist die Verselbständigung der Zweckrationalität, die die normative Frage vergißt" (PP, 68).

[144] "Die eben skizzierte Auffassung mag religiös erscheinen; und in einem tieferen Sinne ist sie dies auch. Aber es kann nicht scharf genug betont werden, daß sie mit der modernen Wissenschaft vollständig kompatibel ist, *ja in Wahrheit ihre Grundlage ist.* Denn wenn es so ist, daß die moderne Wissenschaft synthetische Sätze a priori voraussetzt, dann ist keine realistisch-empiristische Theorie in der Lage, die Wissenschaft zu fundieren" (KG, 211).

[145] "Wenn die Natur, wie in der modernen Technik, zum reinen Verfügungsgegenstand wird, dann wird die anschauliche Basis des Glaubens an etwas Unantastbares vernichtet; damit aber gerät nicht nur die Natur, sondern auch die menschliche Kultur in Gefahr, die nur dann bestehen kann, wenn die Unbedingtheit des Sittengesetzes gewußt und empfunden wird" (KG, 226).

Vittorio Hösle

für Hösle kein Selbstzweck, wiewohl sie als Welt des Realen die stufenweise Verwirklichung immer höherer Formen der Reflexivität ist, "von den Erhaltungssätzen der Mechanik über die Selbsterhaltung des Lebendigen und das Sich-Empfinden des Tieres hin zu dem sich selbst erfassenden Geist der Philosophie" (KG, 227). Als reales Gebilde muss Natur auch *erfahrbar* sein[146] und dass sie dies sein muss heißt für ihn zugleich, dass sie so strukturiert ist, aus sich Wesen hervorbringen zu können, die sie auch erfahren *können*.

"Wir können a priori davon ausgehen, daß die Wahl von Naturgesetzen (einschließlich der in ihnen gegebenen Naturkonstanten) und von Antezedensbedingungen durch die Bedingungen eingeschränkt ist, einen Kosmos zu schaffen, der von endlichen Geistern erkannt werden kann. Die Existenz solcher Geister - zumindest zu einem späten Zeitpunkt des Universums - ist somit notwendig, und zwar ontologisch, nicht nur erkenntnistheoretisch" (KG, 228).

Die große Entdeckung der Neuzeit ist für Hösle die Subjektivität und seine Freiheit. Doch der formale Freiheitsbegriff der Moderne (und Postmoderne) greift für ihn zu kurz, denn Freiheit muss, in Anlehnung an Kant, "im richtigen Wollen bestehen". Wer durch die Heteronomie der blinden Befriedigung angeborener oder gesellschaftlich induzierter Triebe Illegitimes will, ist dadurch unfrei, dass "seine Bedürfnisse nicht aus dem Wesenskern seiner Persönlichkeit stammen"[147]. Aus diesem Grund muss die kantische Ethik zwar weitergeführt werden, für Hösle jedoch in der Art, dass das "Sittengesetz", das einer eigenen idealen Welt angehört, "die empirische Welt

---

[146] "Denn der *Begriff* eines prinzipiell *Unerkennbaren* widerspricht sich selbst, insofern es von etwas absolut Unerkennbaren partout auch keinen Begriff geben könnte. Etwas als *unerkennbar* zu *erkennen*, ist ein Widerspruch in sich, impliziert doch solche Erkenntnis eine Erkenntnis zumindest einiger Aspekte jener unerkennbar sein sollenden Entität" (TGE, 373f).

[147] "Die wahre Freiheit manifestiert sich auf einer höheren Ebene, nämlich in den Wünschen, die man hat. Frei ist nur eine Person, die das will, was moralische Pflicht oder zumindest moralisch erlaubt ist, deren Wille allein durch die Vernunft und nichts Empirisches bestimmt ist, die den kategorischen und nicht bloß den hypothetischen Imperativen folgt" (PP, 26).

prinzipiiert". In der Entwicklung der Natur, die in der Erzeugung des Geistes gipfelt, ist die ideale Welt präsent, wobei diese tragender Grund bleibt. Und insofern Natur an dieser Struktur partizipiert, ist sie selbst etwas Werthaftes, wobei das Werthafte in dem Wesen, das alleine die Wertfrage zu stellen vermag, dem bloß organisch Werthaften stets überlegen ist.

"Aber dies impliziert nicht, daß der Erfüllung jeder Laune des Menschen alles Beliebige, was nur natürlich ist, zum Opfer gebracht werden darf. In einer Art etwa, dem Resultat eines Jahrmillionen währenden Selektionsprozesses, ist soviel Differenziertheit, soviel natürliche Weisheit geronnen, daß ihre Vernichtung nur dann moralisch sein kann, wenn sie etwa menschliches Leben bewahren hilft" (PÖK, 73).

Dass *Organismen* in der Regel werthafter als Artefakte sind, ergibt sich für Hösle aus der Tatsache, dass jene eine *innere Zweckmäßigkeit* besitzen, diese hingegen nur eine äußere. Diese (innere) Zweckhaftigkeit kommt dem Prinzip der Selbstbestimmung (wie beim Menschen anzutreffen) näher als die äußere, "sie ist daher ein höherer Wert und den Artefakten, ceteris paribus, nicht zu opfern" (PÖK, 74).

3.2.1 Ethische Konsequenzen der ökologischen Krise

"Der alte Satz, dass der Mensch ein Mikrokosmos sei, besagt ja eben dies, dass in ihm das Ganze des Seins in konzentrierter Form präsent ist: Der einzelne Mensch ist ein physischer Gegenstand, der als solcher den Naturgesetzen unterworfen ist, er ist ein Organismus, in dem sich chemische Prozesse abspielen; er hat oder ist auch eine Innenseite, die in rätselhaftem Verhältnis zu seinem Leibe steht, jedenfalls einer eigenen, von der Psychologie zu ergründenden Logik gehorcht; er ist ein kulturschaffendes Wesen. Insofern führen Probleme der Anthropologie immer wieder zur Metaphysik: Das Rätsel des Menschen läßt sich ohne eine Theorie vom Ganzen des Seins nicht lösen; und eine allgemeine Ontologie wird nie befriedigen, aus der nicht ersichtlich ist, warum zum Sein dieses eigenwillige Wesen gehört, das alles Seiende gleichsam in sich zusammenfasst und das allein die Frage nach dem Sein zu stellen vermag" (SS, 519).

Vittorio Hösle

Aufgrund des "Mikrokosmoscharakter" des Menschen handelt es sich für Hösle bei der ökologischen Krise um eine existenzgefährdende Krise der Menschheit. Es geht (erstmals) um das Ganze des Menschseins. Durch Plünderung der Natur und Ausrottung der Arten beraubt der Mensch in einem einzigartigen Ausmaß der in den tierischen und pflanzlichen Arten verwirklichten Werte in der Welt. Ausgangspunkt der ethischen Reflexion hierzu muss zwar die Person als moralisch und rechtlich autonomes sowie selbstbewusstes Subjekt sein. Zur konsistenten Begründung einer Umweltethik reicht das für Hösle jedoch nicht hin. In der ökologischen Krise geht es vielmehr um einen *Gesamtzusammenhang zwischen Geist, Natur und Gesellschaft*, durch welchen erst die notwendigen moralischen Regularien bereitgestellt werden können.

Die Überlegenheit des Menschen über die Natur durch deren Nutzung für die eigenen Zwecke mittels moderner Technik erweist sich als dialektisch. Zwar "befreit" sie von der Natur, aber die damit verbundene schnellere, extensivere und intensivere Bedürfnisbefriedigung bindet den Menschen zugleich an sie zurück, indem sie neue Bedürfnisse erzeugt: die "Metabedürfnisse" nach einer bestimmten Weise "technisch vermittelter" Bedürfnisbefriedigung. Entsprechend haben sich auch die ökonomischen Vorstellungen gewandelt, da die Ökonomie zu Beginn der Industrialisierung und im Laufe der industriellen Revolution noch als Teil einer umfassenden Sozialwissenschaft verstanden wurden, während sie sich heute durch eine ausschließlich *quantitative Betrachtung* aller Ergebnisse auszeichnet. Durch das Postulat der Wertfreiheit der Sozialwissenschaften und ihre Beschränkung auf eine rein beschreibende Darstellung sozial realisierter Wertsysteme konnten auch diese keinen Beitrag mehr zur Lösung der normativen Frage leisten, welches Wertsystem vernünftig und moralisch sei.

"Wie Marx sehr richtig gesehen hat, gewinnt im Kapitalismus der Tauschwert einer Ware die Oberhand über den Gebrauchswert - damit aber verliert die besondere Qualität der Ware ihre Bedeutung gegenüber dem quantitativ in Geld auszudrückenden Preis. Indem der Kapitalismus jeder Ware, jeder Dienstleistung die Geldform aufzwingt, setzt er das cartesische Programm der Verwandlung von Qualitäten in Quantitäten in der Sphäre der Wirtschaft fort" (PÖK, 63)[148].

Das eigentliche Problem der Ethik im Zeitalter der ökologischen Krise liegt für Hösle aber gar *nicht* vorrangig in der *Begründung* neuer Normen, sondern in der Durchsetzung eines entsprechenden Handelns. Im modernen technischen Zeitalter wirft das Umsetzen erkannter Probleme in Handeln sehr eigentümliche Probleme auf, denn als bedrohlich erkannte Gefühle waren früher auch lebensweltlich vertraut. "Die Pointe der modernen Technik ist aber, daß sie das Vorstellungsvermögen radikal übertrifft - wir können mehr herstellen, als wir uns vorstellen können" (PÖK, 87). Aufgrund der Eigenlogik von Institutionen und komplexen Gesellschaften sind die Handlungen eines Kollektivs für Hösle ihren Mitgliedern nicht in gleichem Maße anzurechnen wie private Handlungen, weshalb auch das schlechte Gewissen des Einzelnen geringer ist, "wenn er sich an Handlungen beteiligt, für die er nicht allein verantwortlich ist"[149]. Je größer jedoch

---

[148] Für die Klassiker einschließlich Marx ist jedoch Wert nur "geronnene" Arbeit. "Die unbearbeitete Natur gilt daher als wertlos. Es ist unschwer, in diesem anthropozentrischen Gedanken das volkswirtschaftliche Pendant zu der Cartesischen Verwandlung der Natur in res extensa zu erkennen: So wie bei Kant und Fichte die Natur nicht Trägerin eines moralischen Wertes ist, so hat sie bei Smith, Ricardo und Marx keinen volkswirtschaftlichen Wert" (PÖK, 106). Auch hier wird deutlich, dass für Hösle die ökologische Krise ein zutiefst geistiges Phänomen ist, welches sich durch einen (philosophischen) Kategorien- und Normenwandel der Neuzeit und Moderne herausbildete. "Nicht die Eigentumsverhältnisse an den Produktionsmitteln entscheiden über die Ausbeutung der Natur, sondern die Mentalität derer, die die relevanten Entscheidungen zu treffen haben" (PÖK, 102).

[149] Hösle benützt hier (PÖK, 91) das sehr eindringliche Beispiel des Problems des Autofahrens in modernen Industriegesellschaften: "Wer vor der Wahl steht, ob er sich zu Fuß (bzw. mit öffentlichen Verkehrsmitteln) oder mit dem Auto in einen nahegelegenen Ort begeben soll, mag abstrakt durchaus wissen, daß die Benützung des Autos den Treibhauseffekt verstärkt, und dennoch erschwert folgendes eine Entscheidung gegen das Auto. Erstens sind ihm die unmittelbaren Folgen des Tuns nicht sichtbar, nicht anschaulich gegeben. Zweitens kann er hoffen, daß die negativen Folgen erst so

die Macht eines Kollektivs ist, desto größer die Verantwortung "und damit besonders strenge Pflichten bei der Analyse der Folgen der Handlungen der Institutionen"[150] (PÖK, 85), was die Unterlassung von (moralisch gebotenen) Handlungen mit einschließt. Zudem ist es für Hösle offenkundig, dass die moderne Technik die Folgen menschlichen Handelns in Raum und Zeit in einer Weise erweitert hat, die weltgeschichtlich einmalig ist. Angeborene moralische Instinkte helfen bei der Bewältigung dieses Problems nicht mehr weiter. Eine der Hauptursachen der ökologischen Krise besteht also darin, "daß wir erstens nicht wissen, was wir tun, und daß wir zweitens, wenn uns die Folgen mitgeteilt werden, über kein Antriebssystem verfügen, das eine Veränderung unseres Handelns bewirken könnte" (PÖK, 82f).

---

spät und so weit weg eintreffen, daß sie ihn nicht mehr erfassen werden [...] Drittens wirkt hierbei die Überzeugung mit, daß ein einzelner sowieso nichts erreichen könne [...] Und viertens drängt sich bei vielen menschengemachten ökologischen Katastrophen der Eindruck auf, es handele sich bei ihnen um unvermeidliche Naturkatastrophen [...] Um das bildlich Beschriebene an einem konkreten Beispiel zu verdeutlichen: Es ist wohl nicht so, daß die Überschwemmungen in Bangladesh in den letzten Jahren durch den Treibhauseffekt mitverursacht wurden, aber offenkundig ist, daß dieser schon bald Folgen solcher Art haben wird. Sachlich besteht daher kein Zweifel daran, daß jeder, der einen überhöhten Energiekonsum hat, mitverantwortlich sein wird für das Ertrinken von Menschen in flachen und armen Ländern, auch wenn es vielleicht, um im Bilde zu bleiben, nur ein Eimer Wasser ist, den er auf die Ertrinkenden schüttet. Und doch wird er vor der eigenen Lebensweise schwerlich jenes heilsame Entsetzen empfinden, das zu einer Umkehr motivieren kann; emotional wird ihm das mitverschuldete Ertrinken von Tausenden von Menschen weniger nahegehen als der Tod seines Goldhamsters".

[150] In den weiteren Ausführungen an dieser Stelle ist die Anlehnung an Jonas´ Heuristik der Furcht deutlich, wenn auch bei Hösle konkreter benannt. Divergente wissenschaftliche Gutachten führt er nicht nur auf die Unsicherheit des Wissens langfristiger Prognosen zurück, sondern auch auf die verschiedenen Interessen und der Forscher - und ihre daraus folgenden Schlüsse und Entscheidungen. "Wer hundertprozentige Sicherheiten bei globalen Prognosen fordert, legitimiert von vornherein das Nichtstun; denn Sicherheiten sind bei komplexen Vorhersagen nicht zu haben. Je größer ein Übel ist, desto geringer braucht die Wahrscheinlichkeit des Eintretens zu sein, um die Suche nach besseren Alternativen zur Pflicht zu machen" (PÖK, 85).

Zwar kann für Hösle nur eine "intellektualistische" Ethik auch universalistisch sein, doch zur bloßen Anerkennung der formalen Struktur der Pflicht muss zusätzlich die *emotionale Zuneigung zu materialen Werten* hinzukommen. Für ihn muss nicht nur wieder gelernt werden zu sagen: "Das ist Genug", also gegenüber dem Immer-mehr-haben-Wollen die Grenze zu präferieren, sondern auch, dass (moralische) Gefühle selbst Subjekt moralischer Prädikate sein können[151]. Im Unterschied zu den Mangelgesellschaften früherer Kulturen, bei denen oft genug die ökonomische Situation "Askese" erzwang (wobei die asketische Entsagung dennoch ein Ideal vieler dieser Gesellschaften war), muss die heute notwendige Form von Askese eine wirkliche Selbstbegrenzung sein, die deshalb weder (ausschließlich) religiös begründet sein könnte, noch rein rational verwirklicht werden kann.

"Ein gewisser Grad des Askese muß als Bedingung der eigenen Freiheit erkannt werden: Wer viel braucht, um sich physisch wohlzufühlen, ja um die Anerkennung derjenigen Mitmenschen zu erhalten, von denen sein Selbstwertgefühl abhängt, ist kein freier Mensch; Bedürfnislosigkeit ist vielmehr ein Kriterium für Freiheit" (PÖK, 80).

Keineswegs scheint es deshalb für Hösle ausreichend zu sein, die Menschen nur auf die negativen Folgen ihres Handelns aufmerksam zu machen, weil dies mit der direkten Handlung nicht streng korreliert ist. "Die Menschen müssen vielmehr den geringen intrinsischen Wert ihrer Handlung empfinden - und nicht erst den Unwert der Folgen der Handlung" (PÖK, 93). Dazu ist es nötig, neue und positive Werte zu erkennen und zu vermitteln, denn kausalwissenschaftliche Analysen alleine vermögen die erforderliche Hoffnung nicht zu geben, dass eine Veränderung nicht nur nötig, sondern auch möglich ist. *Aufgabe der Philosophie* ist deshalb für Hösle, dem Menschen *das*

---

[151] "Der Geltungsgrund dafür, daß wir nicht einen Mord begehen dürfen, ist nicht unser Mitleidsgefühl [...] [und doch würden] in einer Welt ohne solche Gefühle wichtige moralische Werte fehlen [...] Das angemessene Gefühl bei der richtigen Gelegenheit ist das, was dem Menschen Anmut und auch moralischen Wert verleiht. Es ist einer der schrecklichsten Irrtümer des abstrakten Intellektualismus, die emotionale Kultur vernachlässigt zu haben - der 'désordre du coeur' unserer Zeit ist die offenkundigste Konsequenz dieser Vernachlässigung" (PP, 36).

Vittorio Hösle

metaphysische, ja religiöse Grundvertrauen in das Ganze des Seins, und damit die Kräfte zu einer Veränderung, die er braucht, zurückzugeben.

3.2.2 Politische Konsequenzen aus der ökologischen Krise

Für Hösle ergeben sich auch politische Konsequenzen aus der ökologischen Krise, die hier nur stichpunktartig angeführt werden können.

1. *Wirtschaftlichkeit,* d.h. effizienter Umgang mit knappen Ressourcen ist für Hösle eine moralische Verpflichtung. Gleichwohl müssen *Rahmenbedingungen* dafür geschaffen werden, dass die Verfolgung des Eigennutzes nicht nur zu mehr Effizienz führt, sondern zum Gemeinwohl beitragen kann (z.B. durch eine ökologische Steuerreform). Hauptaufgabe einer zeitgemäßen Wirtschaftsphilosophie wäre es weiterhin, eine über Marx und die Klassik hinausgehende *Werttheorie,* insbesondere in der Verwendung der Natur in ökonomischen Prozessen, zu entwickeln.

2. Aus der Pflicht zur Erhaltung künftiger Generationen ergeben sich für Hösle institutionelle Konsequenzen in der Staatsphilosophie, einschließlich dem Vorantreiben einer neuen Moral durch den "großen Staatsmann", der über Moralität und Sittlichkeit zugleich verfügen muss. Auch eine entsprechende *Erziehung* politischer und gesellschaftlicher Eliten scheint Hösle sinnvoll.

3. Auf die *Rechtsphilosophie* und Rechtstheorie sieht Hösle ebenfalls große Veränderungen zukommen, da die Aufteilung der Rechtswelt in Sachen und Personen, als Fortsetzung des Cartesischen Programms der res extensa und res cogitans, korrigiert werden muss. Insbesondere geht es um die adäquate Berücksichtigung des ontologischen "Reichs des Organischen", d.h. die *Dignität des empfindenden Tieres.* Grundlegender dürfte für ihn aber die *Korrektur des Eigentumsbegriffes* sein, da die Bedingung der Möglichkeit des Überlebens der Menschheit weder von Einzelnen, noch von einem Kollektiv vernichtet werden darf.
   "Der Eigentümer an lebenswichtigen regenerierbaren Ressourcen (das kann das Meer, das kann der tropische Regenwald sein) darf m. E. nicht das Recht haben, diese zu vernichten - er kann nur ihre Früchte verwenden, darf aber das natürlich

Kapital nicht antasten. Um letzteres zu vermeiden ist die Verwandlung in öffentliches Eigentum [aber] weder eine notwendige, noch eine hinreichende Bedingung" (PÖK, 124f).

4. Entscheidende Bedingung ist für Hösle die Betrachtung des Eigentumsbegriffs vom *Gebrauch* her (wie bei Fichte), nicht vom Besitz her (wie z.B. bei Hegel).

Die Souveränität der Einzelstaaten wird mit der ökologischen Krise hinfällig, da diese gerade der Ausdruck neuzeitlicher Weltherrschaft durch das Subjekt (in diesem Falle des Staatssubjekts) ist. Entscheidend für alle demokratischen Gesellschaften dürfte für Hösle die *Einführung prozeduraler Mechanismen* sein, die die *Wahrung der Interessen aller* von (individuellen) Entscheidungen und Handlungen Betroffener garantieren. Dies widerspricht für ihn auch nicht dem demokratischen Grundgedanken, da bei (wirklich) demokratischen Entscheidungen nicht von entscheidender Bedeutung sein kann, dass sie von einer Mehrheit gewollt ist, sondern dass die sachlichen Argumente richtig oder falsch sind.

"Mir scheint, daß die Einführung solcher Mechanismen, auch wenn sie die Entscheidungsfreiheit der heute Lebenden einschränkt, die Demokratie nicht begrenzt, sondern in Wahrheit zu ihrer Vollendung führt - denn dasselbe Argument, aufgrund dessen man während der Auseinandersetzungen um die Erringung der Demokratie erklärt hat, man könne sich nicht mit blindem Vertrauen in die Güte der monarchischen Regierung begnügen, wird nur fortentwickelt, wenn man heute eine institutionelle Garantie für die Rechte der kommenden Generationen fordert" (PÖK, 127f).

3.2.3 Die "Metaphysik der ökologischen Krise"

Die mögliche Entgegensetzung des Geistes, der Werte in der Natur (an)erkennen kann, gegen die Natur, indem er diese Werte zerstört, besitzt eine besondere ontologische Bedeutung und deutet für Hösle die Ursache(n) der ökologischen Krise an. Wäre der Geist nur der Natur entgegengesetzt, könnte er sich durch deren Zerstörung unmöglich selbst in Gefahr

115

bringen. Wäre er dagegen nur Teil der Natur, könnte er diese nicht in einem solchen Ausmaß gefährden. "Es ist diese Struktur, sich gegen das als ein Anderes zu wenden, was die eigene Grundlage ist, die uns einige Einsicht in das Wesen des Seins verspricht" (SS, 520).

3.2.3.1 Die ontologische Ursache der ökologischen Krise

Die ökologische Krise ist ein bestimmter geschichtlicher Moment des Menschen, gekennzeichnet durch den Herrschaftswillen der neuzeitlichen Subjektphilosophie, die mittels des Programms moderner Technik eine vollständige Unterwerfung der Natur zur Folge hat. Die Ideologisierung der Idee des Fortschritts resultiert aus der Verdrängung eines Absoluten (Gott) und der Gewissensautonomie als letzte Legitimationsinstanz aus der Ethik, d.h. die spezifisch neuzeitliche Subjektivitätsvorstellung führt zur ökologischen Krise. Aber erst die Abkoppelung der modernen Wissenschaft vom Programm, Vernunft auch in der Natur und Wirklichkeit zu finden, bringt den "Absolutismus" der Technik hervor[152]. Die ökologische Krise ist

---

[152] "Das Spezifische der modernen Technik seit dem 19. Jahrhundert scheint mir hingegen nur erklärbar zu sein, wenn man annimmt, daß seit dieser Zeit das Technische die Bindung an eine ganzheitliche Metaphysik ebenso abgestreift hat wie diejenige an die Ethik. Dies bedeutet keineswegs notwendig, daß die Technik unmoralischen Zwecken dienstbar gemacht wird; aber mit dem Niedergang der Wertrationalität im Ethos der abendländischen Kultur ebenso wie in den die öffentliche Diskussion dominierenden Philosophien wird die Frage 'Was soll ich tun?' immer mehr zurückgedrängt durch die Frage 'Was ist machbar?' [...] Die Suggestion, daß diese Frage [nach dem legitimen Zweck] ebendeswegen, weil sie mit Methoden der Naturwissenschaft und der Technik nicht gelöst werden kann, überhaupt nicht rational beantwortet werden könne, scheint mir persönlich das bedrohlichste Resultat der Technik [...] Denn mag die Technik als Mittel wertneutral sein - die Verabsolutierung der technischen Rationalität auf Kosten der Wertneutralität ist selbst nicht mehr wertneutral, sondern als unsittlich zu bezeichnen. Denn wenn das Prinzip der Technik, das Prinzip des Machens, sich aus seiner dienenden Stellung befreit und zum einzigen Prinzip des menschlichen Denkens, Handelns und Fühlens avanciert, dann muß der Begriff eines Unantastbaren, nicht zu Machenden, vielmehr allem Handeln Zugrundeliegenden, kurz der Begriff des Sittengesetzes, seinen Sinn verlieren" (PP, 100 u. 105).

zugleich Ausgangspunkt neuer metaphysischer Ansätze. Die Schwäche der meisten Ansätze sieht Hösle im unüberwundenen Dualismus von Geist und Natur. Dass einige Naturseiende besser und schöner sein sollen als andere, kann nicht in ihrer Natürlichkeit als Kriterium liegen, d.h. die Abstufung der Werte muss sich aus anderen Prämissen ergeben. Wenn man von unterschiedlich verwirklichten objektiven Werten ausgeht, muß allem in der Natur ein gemeinsames geistiges Prinzip zu eigen sein, welches eine Hierarchie dieser Werte überhaupt erst ableitbar macht. Diese in der Natur realisierten Werte sind intrinsisch und, je nach Realisierungsgrad des geistigen Prinzips, auch unterschiedlich gewichtet. Die Trennung zwischen deskriptiv und normativ bleibt insoweit gültig, als sich Werte nicht aus einer bloßen Realisierung in der Natur ergeben können[153]. Dieser kategoriale Unterschied muss aufrechterhalten werden, wenngleich jedoch für Hösle keine unüberbrückbare Trennung bestehen darf. Eine Metaphysik der ökologischen Krise darf weder den Geist zu einer eigenen Substanz machen, noch die Natur oder ein alogisches Absolutes zum wahren Sein erheben. Für Hösle bleibt dann nur, dass man "das ideale Sein als eine eigene Seinssphäre annehmen muß" (SS, 534), analog dem objektiven Idealismus. Die logische und ideale Welt "prinzipiiert" die reale, also die geistige *und* die natürliche. Das Verhältnis zwischen Natur und Geist ist dennoch in einem fundamentalen Sinn zweideutig und dialektisch. Der Geist ist Teil der Natur (These), doch der Geist ist nicht bloß Teil der Natur, er hebt im Erkennen das Auseinandersein der Natur auch auf (Antithese) und ist damit zur gleichen Zeit Teil der Natur und deren Negation (Synthese).

Die Negation kann dabei in zweierlei Weise geschehen, als Erkennen und denkendes Begreifen genauso wie als reale Vernichtung, zu der der Mensch

---

[153] Die Kategorien Wahr und Falsch sind für Hösle eben kein Teil der Natur, genauso wenig wie selbst Naturgesetze nichts Naturhaftes (sie sind nicht zeitlich und räumlich fixiert) sind und ihren mathematischen Entitäten ein ideales, kein natürliches Sein zukommt. Das *Geltungsproblem* sieht Hösle denn auch als (einzig) wirklich stringentes Argument *gegen* jede Art von *Naturalismus* (und Szientismus). "Wahrheit ist eine kausalwissenschaftlich nicht rekonstruierbare Kategorie - geniale Einsichten wie Wahnsysteme haben gleichermaßen *Ursachen*, und mit deren Aufweis ist die Wahrheitsfrage nicht im mindesten berührt, die mit *Gründen* entschieden werden muß" (KG, 70).

als Organismus in der Lage ist. Die letzte Form findet in der ökologischen Krise ihre Vollendung. Nur insofern der Geist selbst partiell Natur ist, kann er sich auch gegen die Natur wenden, und insofern der Mensch ein organisches Naturwesen ist, muss er dies bis zu einem gewissen Grad sogar tun. Die Aufhebung eben dieser Spannung muss eine in der ökologischen Krise überzeugende Ontologie (und Ethik) leisten. Dass der Mensch das ökologische Gleichgewicht so tiefgreifend stören kann, hängt an seiner Intelligenz, seinem Geist. Der Geist entwickelt sich in Form der Subjektivität aufgrund der Selbsterhaltung des Organismus. Durch die heterotrophen Voraussetzungen setzen sich diese subjektiven Zentren sowohl der Natur, als auch anderen subjektiven Zentren entgegen - und genau in dieser Entgegensetzung zeigt sich der Widerspruch und die Doppelnatur des Menschen als Organismus und Geistwesen. "In der globalen Naturzerstörung durch die Industriegesellschaft wird nur ein Prinzip auf die Spitze getrieben, das im organischen Sein schon präsent ist und vermutlich im Sein selbst angelegt ist" (SS, 537). Die "Geistlosigkeit" der modernen Welt, die sich insbesondere in der hemmungslosen Bedürfnisbefriedigung zeigt, besteht für Hösle im *fehlenden Rückbezug auf die Voraussetzungen der Subjektivität*[154], auf die natür-

---

[154] Dem entspricht für Hösle *philosophiegeschichtlich* die "unheimliche Abstraktionsfähigkeit des neuzeitlichen Ichs von der natürlichen und sozialen Welt, in der es lebt" (POI, 15) gegenüber der Antike. Die Außenwelt ist für den neuzeitlichen Naturbegriff *homogen*, denn "wäre sie schon eine strukturierte Ganzheit, ein Kosmos, könnte das Ich nicht mit ihr so spielen, wie es möchte, könnte es sie nicht nach Behagen zusammensetzen. Teleologische Strukturen, die die Allmacht des Subjekts begrenzen könnten, müssen verschwinden; und einer der einleutendsten Bestandteile der antiken Ontologie, die besondere Zwischenstellung des Organischen, geht sowohl in den materialistischen als auch in den idealistischen Entwürfen rasch verloren. *Seit das Ich die ganze Subjektivität in sich selbst absorbiert hat, ist die Natur seelenlos*: der Objektivismus der neuzeitlichen Wissenschaft ist das notwendige Resultat des neuen Subjektivismus, die Homogenität von Raum und Zeit das Resultat der Abstraktionsmacht des Ichs" (POI, 24, Hervorhebung durch A.R.).
Auch die Binnensicht hat sich durch die Subjektivität der Neuzeit gewaltig verändert: "Da *der Wille* diejenige Fähigkeit ist, die am besten zur verum-factum-Ontologie paßt, konzentriert sich die neuzeitliche Ethik mehr und mehr auf ihn [...] Aber sie verwandelt auch den Begriff der Seele. Sowohl Platon als auch Aristoteles legten ein *hierarchisches Seelenmodell* zugrunde [...] Aber der Absolutismus des Ichs [der Neuzeit] akzeptiert keine solche Hierarchie. So wie die Außenwelt unendlich und homogen ist, so ist auch das Ich strukturlos. War die antike Seele ein Kosmos, so ist das neuzeitliche Ich

lichen und gesellschaftlichen Grundla- gen sowie auf "ein ideales Ganzes", das Absolute. Nur eine Philosophie, die Leben als Grundlage des Geistes und diesen als die Wahrheit des Lebens denkt, hat Aussichten, die ökologische Krise metaphysisch zu interpretieren. Notwendig ist eine scharfe Trennung zwischen Geist und neuzeitlicher Subjektivität, die der eigentliche Auslöser der Krise ist.

Falls diese neue Philosophie gelingt, wird die heutige Industriegesellschaft nur eine (notwendige) transitorische Form[155] des Seins sein. Nur eine Theorie, die zumindest von einer Korrelation von Leib und Seele ausgeht, kann damit wirklich kompatibel sein, während nicht minder wichtig die Bestimmung der Seinsweise von Gebilden des intersubjektiven Geistes, also Institutionen, Kunstwerke und Theorien[156] bleibt.

3.2.3.2   Metaphysischer Determinismus?!

Da das Absolute für Hösle mit Gott identifiziert werden kann, muss das Sittengesetz, das (nur) die reine Vernunft begründen kann, der "Kern Gottes" sein, "der der Inbegriff aller apriorischen Wahrheit ist" (PP, 41). Während Jonas einen Prädeterminismus verwirft, da er glaubt, dass das "göttliche Abenteuer" in der Welt - die Realisierung des Sittengesetzes durch den Menschen - noch offen ist, bekennt sich Hösle zu einem *ontologischen Deter-*

---

ein dynamischer Punkt [...] Statt der Glückseligkeit wird *der Nutzen* zur zentralen Kategorie in den nicht-deontologischen Ethiken" (POI, 27ff).

[155] Hösle führt hierzu aus: "Aufgrund der ontologischen Fundierung der ökologischen Krise hat die Annahme viel für sich, dass, sollte es in unserem Kosmos andere endliche Vernunftwesen geben, sie alle einmal durch die ökologische Krise hindurchgeschritten sind oder hindurchschreiten werden" (SS, 540).

[156] "Das Schwierige an ihrer Seinsweise ist, daß sie einerseits ohne eine natürliche Basis und ohne subjektive Akte nicht bestehen, daß sie aber andererseits nicht auf diejenigen physischen Objekte reduzierbar sind, die sie in einem bestimmten Augenblick konstituieren" (KG, 215).

minismus. Kausalität ist für Hösle in objektiv-idealistischer Sicht ein *objektives Prinzip* der Natur, die schematisierte und auf Raum und Zeit bezogene Kategorie des Grundes, die im Letztbegründungsbeweis impliziert ist. Er weist deshalb mit Nachdruck auf den Unterschied zwischen der Selbstbestimmung der Vernunft und reiner Willkürfreiheit hin. Ethik setzt für Hösle unaufgebbar die erste Form voraus, ja jedes Argument setzt es voraus, denn der Anspruch auf Wahrheit behauptet sachlichen Kriterien zu folgen und nicht etwa individuellen Trieben oder Neigungen. Frei ist in diesem Sinne dann nur, wer aufgrund rationaler Gründe handelt und die Kette der Gründe kann nur durch den Letztbegründungsbeweis rational abgebrochen werden.

> "Frei ist jedenfalls nur der sittliche Mensch, der Mensch, dessen Wesen darin besteht, dem stärkeren Logos zu folgen und insofern kann man Kant durchaus zugeben, daß das Sittengesetz Freiheit voraussetzt. Aber diese Freiheit - also Freiheit im Sinne der Selbstbestimmung der Vernunft - impliziert gewiß nicht eine Durchbrechung der Kausalordnung" (KG, 237).

Für Hösle zerstört der metaphysische Determinismus[157] die Ethik nicht, denn die Welt ist viel zu komplex, "als daß ein endliches Wesen sich je einbilden könnte, genau vorherzusehen, was sich ereignen wird" (KG, 237).

---

[157] "Inakzeptabel wird der Prädeterminismus freilich, wenn er aus einer *ontologischen* zu einer *epistemischen* Position wird. Eine solche lähmt in der Tat jedes menschliche Handeln - denn wenn ich schon wüßte, daß ein zukünftiges Ereignis sicher eintreten wird bzw. sicher nicht eintreten wird, dann hätte es keinen Sinn zu versuchen, jenes Ereignis zu realisieren oder zu verhindern [...] Nun ist mit einem ontologischen Determinismus ein epistemischer Indeterminismus durchaus kompatibel, ja [...] aus der ungeheuren Komplexität der Welt folgt geradezu, daß es unmöglich ist, die Zukunft vollständig vorauszusehen. Wir können nicht wissen, ob sich die Menschheit im nächsten Jahrhundert selbst vernichten wird - und haben deshalb die Pflicht, einer möglichen Katastrophe entgegenzuarbeiten, auch wenn die Annahme durchaus Sinn macht, daß jetzt, ja schon vor Milliarden Jahren alles prädeterminiert war, was im nächsten Jahrhundert geschehen wird" (UBE, 22).

Darum bleibt auch für einen ontologischen Deterministen[158] die Zukunft *subjektiv offen*, obwohl sie es *objektiv nicht ist*. Kein Mensch wird deshalb frei oder unfrei geboren, er verfügt lediglich über eine *Disposition zur Freiheit*, die aktualisiert werden kann (und muss). Diese Aktualisierung ist Pflicht all derjenigen, welche die Freiheit errungen haben, insbesondere ist es aber die Pflicht verantwortlicher Erziehung.

"Der Prädeterminismus führt nicht zu bedeutenden Änderungen in bezug auf unsere moralischen Überzeugungen. Da der ontologische Determinismus durchaus mit einem epistemologischen Indeterminismus kompatibel ist, der aus der Endlichkeit des menschlichen Geistes folgt, da wir daher nicht wissen, was die Zukunft bringen wird, bleibt unsere Pflicht, für das Gute zu kämpfen, unverändert" (PP, 40).

Da für Hösle Geist und Intersubjektivität, die sich als Selbstzweck erfassen, das Ziel des Universums darstellen, kann er nicht an eine prädeterminierte Welt glauben, die dazu bestimmt ist wieder "wüst und leer" zu werden. Der Mensch ist zudem nur eine der möglichen Realisierungen des Begriffs eines endlichen Vernunftwesens, weshalb auch nicht a priori auszuschließen ist, dass es im Kosmos noch andere "endliche Geister" gibt, die das Werk der "Idealisierung des Realen" und der "Realisierung des Idealen" besser meis-

---

[158] "Es ist wichtig zu begreifen, daß der hier vertretene Determinismus - der aus der Weigerung folgt, die Frage nach den Ursachen eines realen Ereignisses auch nur an einer einzigen Stelle für prinzipiell unbeantwortbar zu halten - nicht durch den populären Einwand getroffen wird, wer argumentiere, setze Freiheit voraus. Denn der Argumentierende setzt nur Rationalität und eine gewisse Störungsfreiheit voraus - diese ist aber mit einer durchgehenden Kausalordnung durchaus kompatibel, ja das [dem?] Telos des Universums, dessen Struktur so eingerichtet ist, daß es endliche, rational argumentierende Vernunftwesen hervorbringen kann. Für den hier vertretenen nicht-materialistischen Determinismus ist die Wahrheitsfähigkeit des Menschen natürlich kein Zufall, sondern epistemologisch ebenso wie ontologisch notwendig" (KG, Fußnote 92, 235); "Determinismus heißt hier nur, daß die Welt, zu der Gott sich entäußert, dem unwiderstehlichen Kausalprinzip folgt (in das auch Gott nicht eingreifen kann), nicht aber, daß diese Kausalität eine absolute teleologische Struktur hat" (PP, 43).

tern als die Menschen. Sollte es allerdings prädeterminiert sein, "daß sich die Menschheit selbst zerstört, dann ist es a priori notwendig, solche Wesen zu postulieren" (PP, 44).

4 Vergleich der Konzepte und Zusammenfassung

Im Vergleich der Konzepte von Hans Jonas und Vittorio Hösle geht es um die Betrachtung des Verhältnisses der Konzepte beider Autoren zueinander, um ihre Gemeinsamkeiten und Unterschiede (4.1). Die Zusammenfassung soll dann der Frage nachgehen, was beide Konzeptionen zu einer (konkreten) Umweltethik im Zeitalter der ökologischen Krise beitragen können (4.3). Hierzu ist es allerdings notwendig, etwas zum Verhältnis von Metaphysik, Naturphilosophie und Moralphilosophie (Ethik) im Zeitalter der ökologischen Krise zu sagen (4.2).

4.1 Die Stellung der Konzepte von Jonas und Hösle zueinander

"Handle so, daß die Wirkungen deiner Handlung verträglich sind mit der Permanenz echten menschlichen Lebens auf Erden" (Jonas PV, 36).

Hans Jonas und Vittorio Hösle formulieren für das Zeitalter der ökologischen Krise einen kategorischen Imperativ der Verantwortung für zukünftige Generationen. Die Begründung dieses Imperativs und der daraus folgenden Ethik ist beiden nur *ontologisch*[159] möglich, wobei sich ihre *Begründung* in wesentlichen Punkten unterscheidet. Der Verpflichtung gegenüber der Verantwortung, die bei Jonas letztlich in seinem Gottesverständnis gründet, setzt Hösle die Verpflichtung gegenüber dem Sittengesetz, das auch für ihn Ausdruck des Absoluten ist, entgegen. Beide gehen von einem *metaphysischen Naturbegriff* aus, dessen *Verständnis* den Gegenstand der unmittelbaren sinnlichen Anschauung transzendiert und das *Wesen* der Na-

---

[159] Ich verwende die beiden Bezeichnungen "ontologisch" und "metaphysisch" im weiteren Fortgang der Arbeit synonym im Sinne (synthetischer) nicht-empirischer, also transzendenter und/oder transzendentaler Aussagen über die Wirklichkeit des Seins.

tur sowie ihre *intrinsischen Werte* kennzeichnen soll, wobei Hösle in der Betrachtung des Organischen zentrale Gedanken von Jonas übernimmt und weiterentwickelt[160].

4.1.1 Gemeinsamkeiten der beiden Konzeptionen

Zur (metaphysischen) Aufwertung der Natur gehen Jonas und Hösle den Weg, die Teleologie lebendiger Organismen aufzuweisen und die Phänomene des Lebendigen ontologisch zu erklären, um daraus eine echte Axiologie der Natur entwickeln zu können. Das Verbot des naturalistischen Fehlschlusses in Bezug auf die Natur gilt zwar weiterhin, doch für beide folgt daraus keine dualistische Ontologie, welche die Welt in eine Sphäre des Faktischen und eine Sphäre des Normativen trennt. Zwischen diesen Sphären besteht ein interdependentes Verhältnis und für eine angemessene Theorie dieses Verhältnisses von Sein und Sollen ist eine Philosophie des Lebendigen, insbesondere seiner Teleologie, zentral. Echte Teleologie bedeutet, dass mit dem Lebendigen ein Seiendes existiert, das nach einem Zustand strebt, der noch nicht da ist, für es aber möglich ist und sich realisieren soll[161]. Eine Welt, in der sich dieses Streben als Sollen nicht zeigen oder realisieren könnte, wäre ärmer und wertloser als eine, in der es sich erfüllen kann.

---

[160] Zur Rezeption naturphilosophischer Gedanken vergleiche besonders Hösle MP, Kapitel 4.1.1. "Das Wesen des Organischen": Der Organismus "bedarf ständig neuer Materie; er *kann* nicht nur, er *muß* Stoff wechseln. Seine Selbsterhaltung ist damit nichts Selbstverständliches, sondern eine Aufgabe, die er nur erfüllen kann, wenn er seine Umwelt rezipiert und auf sie wirkt. Die Sollwerte, die sein Verhalten steuern, sind nicht wie bei einem Thermostaten ohne Zusammenhang mit seinem Bestehen [...] Seine Existenzweise ist wesensmäßig prekär, weil sie aus der Homogenität des anorganischen Seins ausbricht [...] ist ein Selbst, das sich von einer Umwelt absetzen muß und doch nur durch diese überleben kann" (256f).

[161] Vgl. dazu die ontologischen Voraussetzungen echter Teleologie in Pkt. 2.1.1 und Hösle OE, 120. Dies entspricht dem Sinn nach der Aristotelischen Entelechie (inneren Zielgerichtetheit) bzw. Potenz (Vermögen/Fähigkeit).

Die ökologische Krise zeichnet für beide die Verabsolutierung *einer be-stimmten Form* der menschlichen Vernunft aus, nämlich die der Zweckrationalität. Diese Entwicklung geht aus einer schrittweisen Entwertung der Natur hervor, die sich historisch mit der Entstehung von Wissenschaft und Technik und ihren geistigen Grundlagen nachvollziehen lässt. Eine wertfreie (Natur-) Wissenschaft muss Werte als Gegenstand wissenschaftlichen Wissens ablehnen. Wird sie mit ihrer "Wertfreiheit" zum Selbstzweck, so droht die Zerstörung der Natur und schließlich des Menschen selbst. In Ermangelung intrinsischer Werte der Natur in der heutigen Zeit stehen alle natürlichen Dinge axiologisch unter dem Menschen und seinem willentlichen Zugriff. Nur intrinsische Werte der Natur können demgegenüber jene "Transzendenz der Werte" gewährleisten, die dem Handeln des Menschen Grenzen setzt und denen sich der Mensch gegebenenfalls unterordnen soll. Erst diese Transzendenz begründet deshalb für Jonas einen Wertobjektivismus.

> "'Transzendenz' (was immer der Ausdruck sonst umfaßt) impliziert Gegenstände, die über dem Menschen stehen [...] Wertfreiheit bedeutet [demgegenüber] eine Neutralität ebensosehr der Gegenstände wie der Wissenschaft: auf seiten der Gegenstände ihre Indifferenz gegenüber jedem Wert, der ihnen 'gegeben' werden mag. Dasjenige aber, was inneren Wertes von sich selbst her ermangelt, steht unter demjenigen, in bezug worauf allein es Wert empfangen kann, und das ist der Mensch und menschliches Leben, die einzige verbliebene Quelle und Beziehungsstelle von Wert überhaupt" (Jonas PL, 322).

Jonas und Hösle geht es um eine *Kritik* der *Interessen* und *Bedürfnisse* moderner Zivilisationen, um eine Ethik der Bescheidung und Aufwertung der Tugend der Enthaltsamkeit. Auch Hösle betont die Eigenständigkeit der Wertrationalität gegenüber wissenschaftlicher Zweckrationalität. Entscheidender Unterschied von Hösle ist allerdings sein Verständnis der Ethik, insbesondere ihr Geltungsanspruch und dessen Begründung. Natur ist für ihn in diesem Sinne noch kein Selbstzweck, sondern von einer "absoluten" Sphäre, die auch das Sollen umfasst, grundgelegt. Erst durch diese Sphäre können für ihn normative Urteile erklärt (das Geltungsproblem gelöst) und auf die Natur angewandt werden, die in ihren Strukturen ebenfalls dieser Sphäre entspricht. Durch die Präsenz vernünftiger Strukturen in der Natur, insbesondere im Organischen, ist sie selbst zwar etwas Werthaftes, doch erst die Erkenntnis dieser idealen Welt in der realen garantiert für Hösle auch den ethischen Geltungsanspruch, denn "wie die faktischen Werte einer Gesellschaft für mich noch nicht bindend sind, so könnten auch die faktischen Werte von Organismen als bar jeden objektiven Wertes durch den Beobachter zurückgewiesen werden" (Hösle OE, 120).

4.1.2 Unterschiede zwischen Jonas und Hösle

Hans Jonas geht es letztlich um eine Ganzheit, welche die Natur, das Leben und menschliches Handeln nach moralischen Grundsätzen vereinen kann. Die Begründung seiner Zukunftsethik ist für Jonas zwar *intuitiv* eingängig, am Ende bleibt sie aber zirkulär, was Jonas selbst sieht. Um tatsächlich begründet zu sein, bedarf seine Ethik Gottes, d.h. was er nur durch sein implizites Gottesverständnis einlösen kann, ist der *Geltungsgrund* seiner Ethik. In diesem Sinne handelt es sich um eine *ontotheologische* Begründung. Dass für Jonas die Struktur des Seins Entitäten hervorbringt, die ein Sollen in ein Sein zu verwandeln streben und dadurch intrinsische Werte haben, kann letztlich auch nur durch den göttlichen Ursprung dieser Struktur gewährleistet werden. Vittorio Hösle widmet sich demgegenüber von Anfang an dem Begründungsproblem der Ethik, das für ihn eine entscheidende Rolle in der ökologischen Krise spielt, da er in der Verabsolutierung der Zweckrationalität durch die Subjektivität der Moderne und dem daraus folgenden Wertrelativismus die entscheidende Weichenstellung sieht. Nur die (absolute) Begründung moralischer Urteile kann für ihn tatsächlich einen Wertobjektivismus und kategorischen Imperativ konstituieren, der auf der anderen Seite jedoch durch konkrete Regularien ergänzt werden muss.

4.1.2.1 Natur, Moral und das Ganze des Seins bei Hans Jonas (Der Gottesbegriff nach Auschwitz)

Hans Jonas hat seine grundsätzliche Position seit dem Werk "Das Prinzip Leben" nicht viel verändert, eher hat er sie immer weiter spezifiziert und fortentwickelt, wenngleich sein Werk insgesamt nicht streng systematisch ist (außer PV und MOS sind es redigierte Aufsatzsammlungen und Vorträge). Seine (objektive) Begründung der Ethik bedarf des Subjektes bzw. muss von diesem ausgehen, darauf weist er selbst hin. Jonas ist damit explizit Anthropozentriker, davon zeugt nicht nur sein methodisches Programm des Anthropomorphismus. Trotz seines Anthropomorphismus argumentiert Jonas aber nicht anthropogenetisch, d.h. der letzte Geltungsgrund von Normen ist bei ihm nicht der menschliche Wille. Er weist gerade deshalb die Teleologie der Lebewesen auf, die bei ihm untrennbar an Innerlichkeit und Subjektivität gekoppelt ist, weil diese Teleologie den intrinsischen Wert der Natur zeigt. Nur Leben kann für ihn andererseits Gegenstand der Verantwortung sein, wobei "ein Lebendes zu sein" "erst die notwendige Bedingung dafür im Gegenstande" ist (PV, 185). Der Mensch hat der Selbstzwecklichkeit anderer Lebewesen nichts voraus, "außer daß *er* allein *auch* für sie, das heißt für die Hütung ihres Selbstzwecks, Verantwortung haben *kann*" (PV, 184).

Wesentliches Anliegen ist Jonas die Erweiterung der Ethik um den Zukunftshorizont, wobei er sich immer wieder gegen Utopien und Philosophien, die ein vorgeschriebenes Ziel in der Entwicklung von Natur und Menschheit sehen, wendet. In diesem Sinne attackiert er auch Hegels "List der Vernunft", die sich als Fortschritt im Geschichtlichen äußert. Dennoch ist es Jonas nie um eine generelle Technikkritik oder allgemeine Abwertung technischer Zivilisationen gegangen, vielmehr um ihre Tendenz zur Maßlosigkeit, vor allem in Dingen, die nicht mit Zerstörungsabsicht getan werden (wie z.B. dem normalen Konsum). Zentral ist in diesem Zusammenhang seine "Heuristik der Furcht", die die Verantwortung für die Zukunft kennzeichnen muss (vgl. dazu vor allem 2.2.4). Dass er die (alleinige) Kraft demokratischer Einrichtungen in modernen Gesellschaften und Staaten für einen adäquaten Kurswechsel hin zu dieser Zukunftsethik in Frage stellt, ist ein wichtiger Aspekt der Sicht von Jonas. Demokratische Staaten sind für ihn in ihrer jetzigen Form und Verfasstheit, auch aufgrund ihres Zeithorizontes, für eine Lösung der ökologischen Krise nur bedingt geeignet. Die *Interessengebundenheit* ihrer Mitglieder und *Anonymität* der Institutionen ist dabei für Jonas das zentrale Problem.

Problematisch bleibt an seinem Entwurf, dass er die Eigendynamik gesellschaftlicher Institutionen unterschätzt, genauso wie er der Komplexität moderner Industriegesellschaften nicht gerecht wird. In diesem Sinne haben sie tatsächlich eine eigene "List" und unterliegen in der Gestaltung nicht allein den subjektiven Willen der daran Beteiligten. Trotz des Aufweises des Neuen in der Verantwortung des Menschen gegenüber der Natur, die sich aufgrund der Kumulation der Folgen der Technologieanwendung und Vergesellschaftung menschlich technologischen Handelns ergibt, weist er nicht auf die Notwendigkeit einer eigenständigen Umweltethik hin. Die ökologische Krise lässt eine ausschließlich individuelle Verankerung von Verantwortung nicht mehr zu. Da die Analysen von Jonas die ausdifferenzierten westlichen Gesellschaften nicht adäquat erfassen, sind auch seine konkreten politischen Schlussfolgerungen zweifelhaft. Letztlich mündet sein Versuch immer in der Individualethik und dem "rechten Gefühl" der "Furcht", was den einzelnen Menschen in der heutigen Zeit, wie Jonas bezüglich des ethischen Wissens deutlich betont, in vielen Bereichen überfordern würde. Auch "gut gesinnte" Menschen müssen mitunter Entscheidungen treffen, die eigentlich nicht verantwortbar sind. Zu den Fragen spezifisch *gesellschaftlicher* und *demokratischer Anforderungen* einer Umweltethik im Sinne prozeduraler Regularien oder institutioneller Einrichtungen hat Jonas keine adäquaten Antworten, denn für ihn wäre vor allem eine *Bewusstseinsbildung* unter den Forschern bzw. der politischen Elite, sowie eine kritische Aufhellung des Selbstverständnisses der Wissenschaften nötig. Obwohl sicher ein wichtiger Aspekt, kann das alleine in der heutigen Zeit genauso wenig funktionieren, wie eine autoritäre Struktur die Probleme[162] der ökologischen Krise lösen kann.

Am problematischsten erweist sich, wie bereits erwähnt, die Begründung seiner Ethik. Letztlich ist sie nur vor dem Hintergrund seines Gottesbegriffs verständlich, der (wie die Ablehnung eines Fortschrittsgedankens in der menschlichen Entwicklung) von der Tragödie von Auschwitz geprägt wurde. Die Transzendenz des Lebendigen ist die Immanenz Gottes in der Welt,

---

[162] "Zu den Opfern, die sie [die Zukunftsethik] auferlegen wird, gehören unvermeidlich auch Verzichte auf Freiheit [...] Gewiß wird zur Frage, wieviel wir uns von ihrem Luxus noch leisten können, und mit steigender Krise erscheint das Gespenst der *Tyrannei*. Als rettende Zuflucht müßten wir selbst sie hinnehmen, denn sie ist immer noch besser als der Untergang" (Jonas GZE, 13).

die Jonas in einem Mythos ausdrückt[163]. Letztlich entäußert sich Gott für Jonas vollständig in die Welt, um jene Transzendenz zu gewährleisten, die das organische Leben erst ermöglicht. Die Entäußerung ist dabei so vollständig, dass es keine Eingriffsmöglichkeit Gottes mehr gibt und sich sein Schicksal, das Schicksal des Seins, mit der Fähigkeit des Menschen erfüllt, "Ja" zur weiteren und zukünftigen Existenz des Lebens zu sagen, also die Verantwortung für künftige Generationen zu übernehmen. Als letzte Konsequenz seiner Teleologie (zur Erklärung der Transzendenz des Stoffwechsels) mag das noch hinnehmbar (möglicherweise sogar notwendig) sein, zur allgemeinen Begründung einer Ethik reicht dies jedoch nicht hin.

---

[163] Zuerst in PL, 390 - 393, ähnlich dann in PU, 193 - 197: "Im Anfang, aus unerkennbarer Wahl, entschied sich der göttliche Grund des Seins, sich dem Zufall, dem Wagnis und der endlosen Mannigfaltigkeit des Werdens anheimzugeben. Und zwar gänzlich: Da sie einging in das Abenteuer von Raum und Zeit, hielt die Gottheit nichts von sich zurück; kein unergriffener und immuner Teil von ihr blieb, um die umwegige Ausformung ihres Schicksals in der Schöpfung von jenseits her zu lenken, zu berichtigen und letztlich zu garantieren. Auf dieser bedingungslosen Immanenz besteht der moderne Geist [...] Nicht aber im Sinne pantheistischer Immanenz: Wenn Gott und Welt einfach identisch sind, dann stellt die Welt in jedem Augenblick und jedem Zustand die Fülle dar, und Gott kann weder verlieren, noch auch gewinnen. Vielmehr, damit Welt sei, entsagte Gott seinem eigenen Sein [...] Und dann die erste Regung von *Leben* - eine neue Sprache in der Welt [...] Und dann zittert er, da der Stoß der Entwicklung, von seiner eigenen Schwungkraft getragen, die Schwelle überschreitet, wo Unschuld aufhört und ein gänzlich neues Kriterium des Erfolgs und Fehlschlags vom göttlichen Einsatz Besitz ergreift. Die Heraufkunft des Menschen bedeutet die Heraufkunft von Wissen und Freiheit, und mit dieser höchst zweischneidigen Gabe macht die Unschuld des bloßen Subjekts sich selbst erfüllenden Lebens Platz für die Aufgabe der Verantwortung unter der Disjunktion von Gut und Böse [...] Mit dem Erscheinen der Menschen erwachte die Transzendenz zu sich selbst und begleitet hinfort sein Tun mit angehaltenem Atem, hoffend und werbend, mit Freude und mit Trauer, mit Befriedigung und Enttäuschung - und, wie ich glauben möchte, sich ihm fühlbar machend, ohne doch in die Dynamik des weltlichen Schauplatzes einzugreifen".

4.1.2.2 Letztbegründete Ethik und das Problem des metaphysischen Determinismus bei Vittorio Hösle

Auch Vittorio Hösle hat seine grundsätzliche Position des objektiven Idealismus von Anfang an verfolgt und ständig weiterentwickelt. Im Gegensatz zu Jonas ist er allerdings ein sehr systemischer Denker und betont mit Nachdruck die Notwendigkeit dazu. Hösle geht von einem Wertobjektivismus und einer "scala naturae" aus, die der Mensch in der Natur entdecken kann. Der eigentliche Grund für das Entstehen der ökologischen Krise ist für ihn die Verabsolutierung der Subjektivität, d.h. eine Subjektivität[164] ohne einen Rückbezug zu den Voraussetzungen ihrer eigenen Individualität. Als Lösung schwebt auch ihm eine Einheit, die das Ganze des Seins umfasst und dem Subjekt einen Handlungsrahmen vorgibt, vor, eine Einheit, die für ihn schließlich das Absolute darstellt. Was seinen Lösungsansatz gegenüber Jonas auszeichnet ist, dass er, ausgehend von einer tragfähigen und konsistenten Weiterentwicklung der Begründung ethischer Kerngedanken aus der Transzendentalpragmatik heraus, seine abstrakten Prinzipien zu konkretisieren weiß, so dass ihm die Begründung einer materialen Umweltethik (und praktischen Umweltpolitik), vor allem über die Idee des Naturrechts[165] in seinem Werk "Moral und Politik", möglich ist. Gegenüber seiner *materialen Konzeption* bedeuten für Hösle rein *prozedurale Naturrechtsnormen*, wie z.B. die Diskursethik, eine Gefährdung der Freiheit.[166]

---

[164] Subjektivität und Individualität verwende ich hier und nachfolgend etwas vereinfachend synonym.

[165] Wobei er zu diesem Begriff bemerkt (MP, 777f): "Unter 'Naturrecht' soll im folgenden der Inbegriff jener Normen verstanden werden, die aus moralischen Gründen mit Zwangsmitteln durchgesetzt werden dürfen bzw. sogar sollen, sofern dies nicht unzweckmäßig ist. Das Naturrecht ist also ein Maßstab zur Beurteilung der Moral des positiven Rechts [...]". Für Hösle ist das Naturrecht eine *Teilmenge* des Moralischen, und zwar diejenige der "Befugnis zu zwingen". *Das Naturrecht muss sich dementsprechend auch aus der Letztbegründung ergeben, was Hösle bisher allerdings nicht eigens aufweist.*

[166] Ein gutes Beispiel hierfür gibt m. E. Max Horkheimer in seiner "Kritik der instrumentellen Vernunft" (1985, 35, Hervorhebung durch A.K.) der den Begriff der "objektiven

"Denn nach ihnen binden die Grundrechte die Prozedur nicht, sondern sind nur von Gnaden der Prozedur, die sie nach Belieben wieder abschaffen kann. Dagegen heißt materiale Naturrechtsprinzipien anzunehmen zwar, die Entscheidungsfreiheit der Normsetzer zu begrenzen. Aber diese Begrenzung muß für den Gewaltunterworfenen keineswegs ein Übel sein, selbst dann nicht, wenn der Normsetzer kein Monokrat, sondern eine Majorität ist" (MP, 779).

Weil die Natur selbst kein Geltungsgrund von Normen sein kann, birgt der Begriff des Naturrechts einige Schwierigkeiten in sich, wie Hösle anerkennt. Auch der Bezug auf die menschliche Natur verfehlt für ihn den Sinn des Begriffs. Im Prinzip geht es bei seiner Naturrechtskonzeption um eine Kontrollinstanz gegenüber dem positiven Recht, wenngleich diese Instanz positives Recht nicht überflüssig machen kann. Um begründete Urteile über die (Un-) Gerechtigkeit eines positiven Rechtssystems fällen zu können, bedarf es der Norm des Naturrechts, genauso wie diese Norm der faktische, individuelle Interessen transzendierende Maßstab ist, vor dessen Hintergrund überhaupt erst ein Interessenskonflikt aufgelöst werden kann. Allerdings muss für Hösle das Naturrecht einige spezifische Kriterien erfüllen, um in der heutigen Zeit adäquat angewandt werden zu können. Eine

---

Vernunft" gebraucht, das sich aus einer objektiven Ethik ergibt. Zum Problem der Begründung von Mehrheitsentscheidungen in Demokratien bemerkt Horkheimer: "In den Augen des Durchschnittsmenschen ist das Mehrheitsprinzip nicht nur ein Ersatz für die objektive Vernunft, sondern dieser gegenüber ein Fortschritt: da die Menschen ihre eigenen Interessen schließlich am besten beurteilen können, sind die Beschlüsse einer Mehrheit, so wird gedacht, einem Gemeinwesen ganz sicher so wertvoll wie die Institution einer sogenannten höheren Vernunft [...] *Die[se] Behauptung [...]enthält implizit die Beziehung auf eine Instanz, die nicht total willkürlich ist und einer Art Vernunft angehört, die nicht nur als Mittel, sondern auch als Zweck besteht. Sollte sich diese Instanz wiederum bloß als die Mehrheit erweisen, so wäre das ganze Argument eine Tautologie [...]* Mit anderen Worten, die Achtung vor der Mehrheit gründete sich (bei der Errichtung moderner Demokratien) auf eine Überzeugung, die nicht selbst wieder von den Beschlüssen der Mehrheit abhing (z.B. in der Annahme, daß dieselbe geistige Substanz oder dasselbe moralische Bewußtsein in jedem menschlichen Wesen gegenwärtig ist)".

direkte Anwendung ist unter anderem deshalb schwierig, weil die allgemeine Ethik viele bedingte Gebote kennt. Daran schließt sich für ihn die Frage an, wer innerhalb des Naturrechtsgedankens Träger von Rechten sein kann. Zunächst ist es der Mensch in einem umfassenden Sinn, was für Hösle daraus entspringt, dass der Mensch als Mensch über eine bestimmte Würde verfügt. "Angriffe gegen diese *Gattungswürde* verletzen das Naturrecht" (MP, 813). Träger von Rechten sind für Hösle *ebenfalls Tiere und Pflanzen*. Dadurch, dass sie als Organismen eine "Zwischenstellung" einnehmen und deshalb keine Sachen sind, können sie für ihn auch bestimmte Abwehrrechte besitzen[167]. Hauptaufgabe vor dem Gedanken des Naturrechts ist für Hösle die *intergenerationelle Gerechtigkeit*, welche für ihn sogar eine strenge Naturrechtspflicht ist.

> "Der Staat muß jene Handlungen verbieten, die die Überlebenschancen der *kommenden Generationen* drastisch einschränken, und darf Handlungen gebieten, die ihr Überleben erleichtern. Allerdings stellt sich hier eine Fülle schwieriger Fragen" (MP, 808).

Die genaue Art der Verpflichtung hängt dabei von zwei Faktoren ab, den Bedürfnissen und der (An-) Zahl zukünftiger Menschen. Nicht welche Bedürfnisse zukünftige Generationen haben *werden*, sondern welche sie haben *sollen*, ist für Hösle dabei die Grundfrage. Auch das lenkt für ihn die Aufmerksamkeit darauf, dass "nicht die faktischen Bedürfnisse der Maßstab des Normativen, sondern vielmehr das Normative der Leitstern bei der Gestaltung der Zukunft zu sein hat" (MP, 809). Aus dem Gebot intergenerationeller Gerechtigkeit folgt für Hösle weiterhin, dass allein ein *ökologischer Staat* überhaupt beanspruchen kann, den Forderungen des Naturrechts vollumfänglich zu entsprechen.

---

[167] "Die [...] strenge juristische Dichotomie von Personen und Sachen wird der Zwischenstellung des Organischen nicht gerecht, und die elementaren unter den moralischen Prinzipien, die dem Umgang mit Tieren zugrunde liegen, gehören durchaus zum Naturrecht, das eben nicht vertragstheoretisch begründet werden kann" (MP, 814).

"Es wird aufgefallen sein, daß der hier entwickelte ökologische Staat primär, wenn auch nicht ausschließlich, von den Rechten kommender menschlicher Generationen her gedacht wird; denn an der Vorzugsstellung des Lebens von Vernunftwesen gegenüber den anderen Werten läßt sich aus transzendentalen Gründen nicht rütteln, auch wenn es sich dabei nicht um den einzigen Wert handelt" (MP, Anmerkung 67, 816).

Für künftige Generationen folgen laut Hösle aus dem Naturrecht sogar bedingte Rechte, wie z.b. das Schutzrecht, nicht vom Kapitalstock der erneuerbaren Ressourcen, sondern nur von ihren Zinsen zu leben. An der Aufgabe der intergenerationellen Gerechtigkeit hat sich ebenfalls die aktuelle Umweltpolitik zu orientieren, was für ihn konkret heißt, dass die Wirtschaft umweltverträglich werden muss und die Umweltpolitik wirtschaftsverträglich. Dies zu erreichen bedarf es für ihn Mechanismen, die es ermöglichen die kurzfristigen wirtschaftlichen Partikularinteressen umzumünzen in ein wohlverstandenes wirtschaftliches Gesamtinteresse (z.B. durch Umweltsteuern, Emissionslizenzen und eine ökologische Steuerreform). Entscheidender Bestandteil der Umweltpolitik muss dabei die Energiepolitik sein (Vgl. dazu Pkt. 1.2.1), wobei der entscheidende Lösungsansatz für Hösle lautet, Energie einzusparen (z.B. durch Dezentralisierung und Rekommunalisierung der Energieversorgung).

Der axiologische Stellenwert der Intersubjektivität und die Herausarbeitung der Notwendigkeit implikativer Imperative, um den Umgang mit Asymmetrien zu ermöglichen und damit die Ethik auf die Zukunft hin und der Natur gegenüber zu erweitern, ist besonders hervorzuheben, da dies eine prinzipielle Anpassung von Hösles universalistischer Ethik an kulturelle, historische und natürliche Spezifika[168] erlaubt. Die Errungenschaft in-

---

[168] Gleichwohl kann dies nur ein erster Ansatz sein, der weiterentwickelt werden muss. Das Provisorische daran sieht Hösle selbst (MP, 119): "Aber die prinzipielle rationale Rekonstruierbarkeit der Moral bedeutet nicht, daß sie jetzt schon vollständig rekonstruiert sei oder in geschichtlicher Zeit rekonstruiert sein werde [...] Die Weigerung, sich zumindest vorläufig mit einer provisorischen Ethik zufrieden zu geben und während des eigenen praktischen Engagements an ihr weiterzudenken, ist trotz ihres Pa-

dividueller Menschenrechte sieht Hösle durchaus als Gewinn der Moderne, weshalb für ihn auf die Einhaltung dieser elementarer Rechte, auch wenn das Gemeinwohl dadurch beeinträchtigt würde[169], unbedingt geachtet werden muss, und was er folgerichtig an Jonas kritisiert. Ein Problem, das nicht unabhängig vom menschlichen Umgang mit der Natur betrachtet werden kann, stellt bei ihm die Grundlegung der empirischen Wissenschaften dar; dieses Problem verweist für Hösle, wie die Ethikbegründung selbst, auf eine "ideale" Sphäre der Geltung. Dabei ist ihm neben der Ethikbegründung die strenge Unterscheidung der Geltung von jeder Faktizität ein wesentliches Anliegen.

Für Hösle ist nicht nur die Entstehung der ökologischen Krise im Ganzen des Seins angelegt, sondern auch, ob die technologische Zivilisation die ökologische Krise überwindet oder darin untergeht *metaphysisch determiniert.* Eine letzte Bemerkung richtet sich deshalb an die Kritik von Hösle gegen den "Interaktionismus" von Geist und Materie, wie er die Position von Jonas bezeichnet, da seine Position des "metaphysischen Determinismus"[170] (Vgl. dazu 3.2.3.2) in letzter Konsequenz einen Dualismus (den er eigentlich überwinden will) ergibt. Was hat das für ethische Konsequenzen? Ist damit

---

thos´ unmoralisch, weil sie die Zeitlichkeit und Endlichkeit verdrängt, die unser Los ist und innerhalb deren sich all unser Handeln abspielt".

[169] "Hinter den Gedanken der individuellen Grundrechte, der der Antike fremd war, gibt es kein Zurück" (Hösle MP, 850) sowie (815) "In der Tat ist mit Nachdruck darauf zu verweisen, daß den Rechten von Gemeinschaften die Rechte der Individuen vorgeordnet sind, auch wenn sich jene nicht vollständig auf diese zurückführen lassen. Die partielle ontologische Abhängigkeit des einzelnen vom Sozialen ändert nichts an dem axiologischen Primat des Individuums, das zwar seine Befreiung nur in Gemeinschaften, die als Selbstzweck erfahren werden können, findet, das sich aber *freiwillig* für eine solche Gemeinschaft entscheiden soll". *Dies widerspricht (scheinbar!?) der axiologischen Vorrangstellung der Intersubjektivität und des Rückbezuges des Individuums darauf* (siehe dazu auch 3.2.1.3).

[170] "Als 'Determinismus' verstehe ich eine ontologische, nicht eine epistemologische Position [...] Das Universum soll 'deterministisch' heißen, wenn, was auch immer geschehen wird, in dem, was früher geschehen ist, sowie in den Naturgesetzen impliziert ist, wenn - um genauer zu sein - die Gegenwart nur mit einer einzigen zukünftigen Entwicklung kompatibel ist" (PW, 17).

Moral und Umweltethik in der ökologischen Krise obsolet? Wesentlich für moralische Überlegungen (auch im Rahmen einer Umweltethik) ist, dass ein Modell der Selbstbestimmung erforderlich ist, wenn mehr als ein zufälliges Verhalten angezeigt werden soll. Diese Eigenart einer (Selbst-) Determination zeigt sich daran, dass nur dann eine Person wirklich (moralisch) frei ist, wenn sie über Gründe für ihr Handeln verfügt, die diese aber zugleich zu determinieren scheinen. Eine nicht determinierte Selbstbestimmung gibt dagegen für Hösle den "kategorialen Faden der Kausalität" auf. "Wenn [...] Selbstbestimmung den Determinismus transzendieren soll, [dann] muß sie einige weitere Eigenschaften haben, die freilich schwer zu spezifizieren und zu begreifen sind" (PW, 34).

Ernstnehmen muss man an der Kritik von Hösle die eigentümliche Problematik, dass moralische Handlungen Handlungen aus Gründen, nicht aus bloßer Willkür[171] sind. Andererseits bleibt notwendige Bedingung moralischer Freiheit, dass sie sich auch gegen diese Gründe (den stärkeren Logos) hätte entscheiden können. Die Forderung verantwortungsvollen Handelns kann sinnvollerweise nur an denjenigen gerichtet werden, der sich selbst zu seinem Handeln bestimmen kann.

"Auch hier ist Freiheit ein Vermögen: das Vermögen des Handelnden, sich selbst im Sinne einer unbedingten Spontaneität zur Entscheidung und zum Handeln zu bestimmen. Daß der Handelnde frei ist, besagt, daß er Ursache seiner Entscheidung und Handlungen ist, die nicht nochmals von anderen Ursachen bestimmt wird, sondern sich selbst bestimmt [...] Als Idee ist transzendentale Freiheit

---

[171] Der in der Quantenmechanik grundgelegte und für die Willensfreiheit oft ins Feld geführte *physikalische* Indeterminismus könnte insofern immer nur eine notwendige, keinesfalls eine hinreichende Begründung sein. Einerseits scheint mir dies ein Ringen um das rechte Freiheitsverständnis zu sein, das für Hösle darin besteht, dass moralische Freiheit das "dem-stärkeren-Logos-Folgen" beinhaltet - und nicht eine heute oft angenommene Willkürfreiheit ist. Andererseits geht es allerdings auch um die Interpretation grundlegender Verhältnisse in der Natur, die sich gerade aufgrund der modernen Physik (und Kosmologie) ergeben - und von daher einen eigenartigen Bezug zwischen Naturwissenschaft, Naturphilosophie und Moralphilosophie zeigen.

ein Grenzbegriff und zugleich ein normativer Begriff. Als vernünftige Wesen können wir nicht anders als unter der Idee der Freiheit zu handeln; diese Idee ist niemals voll verwirklicht, sondern uns immer als zu verwirklichende aufgegeben" (Ricken, ²1989, 78).

Das moralische Sprachspiel der Verantwortung und die dem folgende rechtliche Praxis setzt diese Freiheit voraus, das sieht Hösle auch als den wichtigsten Einwand. Durch die Endlichkeit menschlichen Lebens und seiner Erkenntnismöglichkeit ergibt sich für Hösle schließlich eine Unwissenheit um den letzten (determinierten) Ausgang der ökologischen Krise, der für ihn die Moralität wieder ermöglicht - und zugleich zur Pflicht macht. Sein metaphysischer Determinismus bleibt unter dieser Rücksicht mit seiner ethischen Konzeption vereinbar, da er sich insofern vom epistemologischen unterscheidet, als dieser Determinismus nicht aufweist, "daß etwas geschehen wird, sondern nur, daß etwas geschehen wird, wenn etwas anderes geschehen wird, z.B. wenn unsere Handlungen erfolgen; und der ontologische Determinismus erhebt nicht den Anspruch, unsere Handlungen zu antizipieren" (PW, 39).

Doch nicht nur die Voraussetzung der (transzendentalen) Freiheit ist ein gewichtiger Einwand gegen Hösles Determinismus. Es stellt sich nämlich zusätzlich die Frage, ob eine echte Naturteleologie möglich wäre, wenn die Welt vollständig (kausal) determiniert ist. Jede echte Teleologie setzt eine Art von Intentionalität (und damit Freiheit) voraus, die in den entsprechenden Entitäten (Organismen) begründet liegen muss[172]. Kausal veran-

---

[172] Intention und Intentionalität bezeichnet die Ausrichtung auf ein bestimmtes Ziel oder einen bestimmten Zweck, paradigmatisch bei Handlungen, also das Ausgerichtetsein auf etwas hin, meist auf einen Gegenstand. Um auf etwas "aussein" zu können, muß es eine Wahlmöglichkeit - also Freiheit - geben, sonst wäre es reine Notwendigkeit. Zielstrebigkeit darf dabei natürlich nicht mit Zielerreichung, also der damit schon gegebenen Erfüllung des Zieles, gleichgesetzt werden, d.h. die Ausrichtung (der Zweck) kann bei einer Intention auch verfehlt werden, was, anders als bei determinierten Vorgängen, die in diesem Sinne ihr "Ziel" immer erreichen, ein Freiheitsanalogon voraussetzt. Hier scheint mir die Jonas´ sche Konzeption tragfähiger zu sein, der im Me-

lasste Teleonomie dagegen verwandelt gerade diesen Aspekt in den eines (mechanistischen) Systems. Als bloßes System allerdings können Organismen schwerlich einen intrinsischen Wert genießen, weshalb (auch) an dieser Stelle die Problematik besteht, dass der metaphysische Determinismus von Hösle das Bemühen darum konterkariert, die ontologische Besonderheit des Lebendigen (und damit der Natur) als tragfähige Grundlage einer Umweltethik in der ökologischen Krise aufzuweisen[173]. Hösle sieht den metaphysischen Determinismus als das größte Problem seiner Theorie an, weshalb er inzwischen eine Theorie, "die eine Pluralität von Entitäten annimmt, die fähig sind, eine kausale Reihe von selbst zu beginnen" (PW, 44) als eine sehr ernsthafte philosophische Alternative betrachtet, obwohl sich Hösle nach wie vor gegen einen Interaktionismus in der Leib-Seele Problematik wendet, die sich für ihn aus der Unvereinbarkeit zweier völlig unterschiedlicher Sphären ergibt.

---

tabolismus die ersten Spuren menschlicher Freiheit sieht und in seinem Monismus von der *Einheit* von Freiheit und Notwendigkeit ausgeht.

[173] An dieser Stelle wäre es weiterführend, sich auf die Ergebnisse der Quantenmechanik einzulassen und diese (naturphilosophisch) zu interpretieren, was natürlich nicht Aufgabe dieser Arbeit sein kann. Der Indeterminismus der Quantenmechanik ist nämlich m.E. gar nicht der Hauptaspekt, der diese so interessant macht. Viel fundamentaler scheint mir die Erkenntnis zu sein, dass immaterielle Prinzipien (Symmetrieverhältnisse) der letzte "stabile" Grund sind, nicht materielle Bestandteile (Vgl. dazu Bauberger, 1999 und Kather, 1998). Die materiellen Bestandteile sind scheinbar überhaupt erst auf dem Hintergrund der Symmetrieverhältnisse möglich, die letztlich die *Form* des (materiellen) *Stoffes* zu bestimmen scheinen. Insofern ist m.E. auch der Begriff Interaktionismus nicht angebracht, denn er unterstellt bereits eine echte Trennungsmöglichkeit in "res extensa" und "res cogitans". Ich würde lieber daran anknüpfen, dass es vielleicht eine reine "Materie" und einen reinen "Geist" gar nicht gibt, sondern beide die jeweils andere Seite derselben Medaille darstellen, also zwar deutlich zu unterscheiden sind, nicht jedoch wirklich getrennt werden können und insofern auch jeweils Eigenschaften des anderen aufweisen bzw. auf eine vorgängige Einheit verweisen. Die Wirklichkeit wäre so "bipolar". Nur eine echte Leib-Seele-Einheit, wie sie auch Hans Jonas vertritt, kann m.E. einen tragfähigen Monismus, sowohl für einen objektiven Idealismus, als auch für eine Umweltethik im Zeitalter der ökologischen Krise, begründen.

4.2 "Die Teleologie des Lebendigen"[174] oder: Notwendigkeit und Möglichkeit einer (metaphysischen) Naturphilosophie

> "Wenn wir einen Stein, nicht aber einen Hund aus dem Fenster werfen, so doch nicht deswegen, weil der Hund ein hochkompliziertes Informationssystem darstellt und sich im Unterschied zum Stein kybernetisch beschreiben läßt. Wäre dies der Grund, so müßten wir von Töten oder gar Mord sprechen, wenn wir einen Computer zerstören. Einen Hund zu treten bedeutet Tierquälerei, einen Computer zu demolieren dagegen Sachbeschädigung" (Engels 1982, 248).

Die zunehmende Verobjektivierung und Mechanisierung der Teleonomie in der modernen Biologie mündet darin, der Finalität des Lebendigen nur noch das Merkmal eines objektiven Systems zuzuerkennen. Gegenüber einer Orientierung der Kausalität am Paradigma einer wie auch immer zu bestimmenden Intentionalität wird es hier auf den formalen Charakter einer besonderen Form der Effizienzkausalität reduziert. Dies ist seinerseits Ausdruck eines methodischen (und zunehmend ontologischen) Reduktionismus, um Biologie überhaupt als empirische Wissenschaft, d.h. ohne die metaphysische Annahme bestimmter Lebensprinzipen, begründen zu können. In der Entwicklung der modernen Naturwissenschaft zeichnet sich dadurch aber die merkwürdige Dialektik ab, dass sich in dem Maße, wie sich die Wissenschaft vom Lebendigen als Wissenschaft etabliert, die ontologische Eigentümlichkeit des Lebens gegenüber der unbelebten Natur verschwindet[175]. "Die Frage, was Leben sei, scheint sich naturwissenschaftlich

---

[174] Ich verwende hier den Titel der Studie von Engels 1982 und entnehme einiges ihren zusammenfassenden Analysen in dieser Studie (S. 241 - 250).

[175] Für Engels (1982, 247) heisst dies weiter: "Die Aufhebung der ontologischen Besonderheit des Lebendigen durch die moderne, naturwissenschaftliche Biologie hat zur Folge, daß nicht einmal der Zweckbegriff in seiner evolutionstheoretischen Bedeutung objektiv begründbar ist. Wenn sich nämlich Zweckmäßigkeit darin erschöpft, nur das Übriggebliebene, das Faktische noch einmal zu sein, so ist alles Existierende, vom Kie-

'sinnvoll' nur stellen und beantworten zu lassen, indem das Leben in seiner ontologischen Besonderheit ignoriert wird" (Engels, 245). Mit dem Verlust der metaphysischen Besonderheit der Lebensvorgänge löst sich Leben zugleich in zufällig entstandene, kybernetisch beschreibbare Prozesse auf. "Ethische Probleme lassen sich hier weder stellen, geschweige denn versuchsweise lösen" (Engels 1982, 248). Dies spricht nicht gegen die Biologie oder die Naturwissenschaften, wohl aber dafür, dass nur eine echte Naturphilosophie dazu imstande ist, die ontologische Verfasstheit des Lebendigen, und damit der Natur, wahrzunehmen und sinnvoll zu erklären[176].

Allerdings muss diese sowohl die Natur, als auch die Möglichkeiten und Bedingungen ihrer Erkenntnis zum Gegenstand haben, sowie die Ergebnisse moderner Naturwissenschaft als Teilaspekt der Natur integrieren können, ohne dabei bloße Wissenschaftstheorie zu sein. Das Problem einer adäquaten Umweltethik im Zeitalter der ökologischen Krise verweist auf die Einheit der Philosophie, indem sie *Ethikbegründung* und *Ethikbestimmung* (ihre Anwendung) mit dem *Objekt* der Bestimmung (der Anwendung) synthetisieren muss. Die Tragfähigkeit einer objektiven Wertlehre und materialen Umweltethik erweist sich am zugrundeliegenden Naturverständnis. Es muss, soll eine objektive und hierarchische Wertlehre konsistent sein, ein "fundamentum in re" geben. In diesem Sinne bedingen sich Teleologie und materiale Gehalte einer Umweltethik, denn es stellt sich die Frage, ob ein jedwede Teleologie entbehrendes Naturverständnis als Objekt der Anwendung einer Umweltethik überhaupt einen Ansatz dafür bieten kann, dem Besonderen des Lebendigen, aber auch einer eigenen Dignität der Natur, gerecht zu werden. Mit einem teleologischen Naturverständnis dagegen ist unweigerlich eine Metaphysik der Natur verbunden.

---

selstein bis zum Selbstbewußtsein, gleicherweise zweckmäßig, eben schon nur deshalb, weil es existiert".

[176] Die Betonung der unabdingbaren Eigenständigkeit dieser philosophischen Disziplin auch im Hinblick auf eine Umweltethik ist mir ein besonderes Anliegen. Nur eine echte Naturphilosophie kann m.E. die Brücke zwischen den *Naturwissenschaften* und den *Sinnfragen* eines vernünftigen Umgangs mit der Natur schlagen.

Vergleich der Konzepte

Wenn Metaphysik als der Bereich "empirisch nicht testbarer Sätze" (Mutschler, 1996, 3) verstanden wird[177], dann verwischen sich beispielsweise in der Physik die Grenzen zur Metaphysik sehr schnell. Entgegen dem "antimetaphysischen Affekt" vieler Philosophen vertreten "viele Wissenschaftstheoretiker die Auffassung, daß es keine klaren Kriterien gebe, um beide zu unterscheiden" (a.a.O.). Betrachtet man die apriorischen Voraussetzungen überhaupt Naturwissenschaft betreiben zu können, stellt sich sofort dieses Problem ein, wobei in der Wissenschaftstheorie selten streng zwischen empirischen Generalisationen und den "Bedingungen der Möglichkeit" der Naturwissenschaften unterschieden wird. Da Wissenschaftstheorie keine Erkenntnistheorie ersetzen kann, eine solche Unterscheidung aber von zentraler Bedeutung ist, ist, was diese Metaphysikproblematik anbelangt, "Kant weit klarer als die jetzt gängigen trüben Mischungen aus Physik und Metaphysik und allemal besser als die traditionellen antimetaphysischen Ressentiments aus den Zeiten des Wiener Kreises" (a.a.O., 5). Gerade weil es eine Differenz zwischen empirischer Generalisation und eben jenen "Bedingungen der Möglichkeit" gibt[178], hatte Kant die Transzendentalphilosophie entwickelt, welche im Idealismus von Fichte, Schelling und Hegel weiterentwickelt wurde. Ihre grundsätzlichen Argumente gelten auch gegenüber der heutigen Wissenschaftstheorie. "Die Bedingungen der Möglichkeit von Wissenschaft liegen [...] [jedoch] nicht auf derselben Ebene wie ihre Erklärungsmodi und können daher durch formallogische Analyse

---

[177] Ich folge hier Mutschlers Aufsatz (1996). Dabei ist jedoch auf die vielfältige Bedeutung von *Metaphysik* zu verweisen. "Als Rede von den Strukturen der Wirklichkeit ist Metaphysik zugleich *Ontologie*" (Kather 1998, 33). Das Verbindende zwischen den unterschiedlichen Bestimmungen von Metaphysik ist sicher die Beschäftigung mit denjenigen Fragen, die Prinzipien, Struktur und Status der Wirklichkeit als solcher betreffen.

[178] Ohne die Unterstellung einer gesetzlichen Verknüpftheit der Phänomene hätte die Physik z.B. kein Objekt. Die "Bedingungen der Möglichkeit" haben deshalb mit empirischen Generalisationen nichts zu tun, "das ist von zentraler Bedeutung. Man kann z.B. sagen, daß die Newtonschen Axiome die empirischen Generalisationen des Galileischen Fallgesetzes und der Keplergesetze sind. Man kann sie aber nicht die "Bedingungen der Möglichkeiten" dieser Gesetze nennen, denn es wäre eine Welt widerspruchsfrei denkbar, in der die Newtonschen Axiome nicht gelten würden, während sich die Planeten auch dann nach den Keplergesetzen bewegen könnten" (Mutschler, 1996, 4f).

dieser Modi nicht erhoben werden" (Mutschler, 1996, 5). Die transzendentalen Voraussetzungen von Naturwissenschaft allein lassen sich jedoch problemlos auf das Naturwissenschaft betreibende Subjekt beschränken und konstituieren insofern keine Natur *an sich*, lediglich eine Natur *für den* Menschen. Von den Bedingungen der Möglichkeit kann also noch nicht in naiver Ontologisierung auf die Natur selbst geschlossen werden.

Wenn man dennoch einen strengen Anthropozentrismus ablehnt und der Natur einen Eigenwert bzw. eine Eigenzwecklichkeit (je nach Organisationshöhe) zugestehen will, lässt sich dies also nicht direkt aus den Naturwissenschaften ableiten. Die Freiheitsanalogien der Zweckmäßigkeit *müssen* ein *fundamentum in re* haben, um der Natur axiologische Qualitäten zuschreiben zu können.

"Zentral für eine Metaphysik der Natur im skizzierten Verhältnis ist der Begriff der Naturteleologie. Es scheint, daß er in der heutigen Diskussion oft unzureichend behandelt wird, so daß die Aporien schon durch die Problemexposition entstehen [...] Will besagen: bei einem Objekt, das unter Rücksicht seiner naturgesetzlichen Bestimmtheit Zufälligkeitsaspekte aufweist, können diese Aspekte trotzdem durch Finalität beschrieben werden, was kein Widerspruch ist, weil beide Formen von Gesetzlichkeit auf einer ganz verschiedenen Ebene liegen" (Mutschler, 1996, 9).

Die Zufälligkeit der Natur ist für finale Interpretationen grundsätzlich offen, d.h. finale und kausale Erklärungen stehen nicht in einem Konkurrenzverhältnis. Sollwerte, die Regelkreise in Systemen mittels nichtfinaler Dynamik wieder herzustellen trachten, beweisen nicht die Zwecklosigkeit der Regelkreise, sie zeigen nur, dass Mittel zu Zwecken nicht ihrerseits wieder Zwecke sein müssen. Nur im Falle eines Konkurrenzverhältnisses von *causa finalis* und *causa effiziens* würde sich hieraus die Zweckfreiheit des Ganzen erweisen lassen[179]. Hier schlägt (ähnlich wie in vielen Ethikbegrün-

---

[179] Gleiches gilt für jedes technische Gerät, wie Mutschler (1996, 9, Hervorhebung durch A.R.) weiter dazu ausführt:

dungen) ein *transzendentallogischer Widerspruch* durch, denn "es ist sinnlos, mittels zweckfreier Naturgesetze den Zweck zu verfolgen, nachzuweisen, daß es keine Zwecke gibt" (a.a.O., 10). Es gibt im Zusammenhang von Naturverständnis und Umweltethik also zwei Möglichkeiten: entweder wird der wissenschaftlich-technische Begriff als hinreichend für das Verhältnis zur Natur betrachtet, dann kann man ihre ästhetischen Qualitäten (oder kontemplativen Elemente) genauso als Ressource behandeln wie z.B. Erdöl oder Steinkohle. Oder man transzendiert diese Position und schreibt der Natur, je nach Organisationshöhe, immanenten Wert zu, "dann hat man sie teleologisiert" und macht, meist implizit, Gebrauch von einer metaphysisch verstandenen Natur.[180]

"Im Grunde ist mit dieser Unterstellung von Natur als Eigenwert die Schwelle zur Ethik überschritten. Solange man die Natur nur als

---

"Nach Stegmüller lassen sich solche Geräte aufgrund von Naturgesetzen und mittels ihrer Struktur teleologiefrei erklären. *Doch das Telos steckt in der Struktur.* Die Ströme und Spannungen im Radiogerät verhalten sich nach den Maxwellgleichungen, aber ihre spezifische Vernetztheit ist durch die Wahl der Antecedensbedingungen dieser Gleichungen gegeben, und diese Wahl ist relativ zu diesen Gleichungen kontingent, kann also aus ihnen nicht hergeleitet werden. Die Struktur dieses und aller technischen Geräte ist relativ zu den in ihnen herrschenden Gesetzen zufällig"; "Es gibt also eigentlich keine Gründe, Vergleiche zwischen Lebewesen und Maschinen abzulehnen: Ob Radioempfänger, Kühlschrank oder Computer in allen steckt Geist. Der Plan zu diesen Geräten ist vom Menschen gemacht und somit kein Naturprodukt. In allen diesen Geräten spielen die Naturgesetze nur eine untergeordnete Mittelrolle. Das Spezifikum, der Zweck, kommt vom Menschen" (Mutschler, 1994b).

[180] Das wäre der Hauptansatz meiner Kritik an der Kritik von Hirsch Hadorn. Sosehr ihre Kritik an Jonas und Hösle im Detail hilfreich sein könnte, so problematisch ist ihre eigene Voraussetzung der Kritik, da Sie zu ihrem Naturverständnis wenig aussagt, implizit aber m.E. in der Problemexposition der Probleme heutiger Umweltethik eine wertfreie Natur annimmt (dadurch, dass die Probleme ausschließlich durch divergierende Interessenslagen, also menschlichen Wertvorstellungen, bedingt sind), um die Auflösung der Probleme in einem metaphysischen Naturbegriff (dem der kontemplativen Natur) anzubieten. Dies ist schlicht inkonsistent, da sich der nun verwendete Begriff dadurch von den anderen unterscheidet, dass er axiologisch gehaltvoller ist. Diese Besonderheit müsste jedoch bereits in der Problemexposition berücksichtigt werden, da scheinbar nicht alle Interessen gleiche Wertigkeit haben.

Mittel zu technischen Zwecken betrachtet, bleibt sie ethisch neutral. Der wichtigste Topos einer Metaphysik der Natur ist aber ihre Relevanz für die Ethik. Im wissenschaftlich technischen Zugriff bleibt sie ausgeblendet. Umgekehrt setzt ihre ethische Relevanz eine Metaphysik der Natur von der skizzierten Art voraus. Das wird oft nicht gesehen [...]" (Mutschler, 1996, 12).

Naturphilosophie sowie Metaphysik der Natur erhalten also ihre Relevanz nicht nur durch die Erklärung verschiedener Phänomene, die die Naturwissenschaften nicht adäquat erfassen können, sondern vor allem durch ihre Bedeutung für die Ethik. Das ist für den Bereich des Lebens ein wesentliches Verdienst von Hans Jonas, weshalb man um sein Werk nicht herumkommt, will man Naturphilosophie in Bezug zur Ethik bringen. Mehr noch als das "Prinzip Verantwortung", das zumeist zitiert und rezipiert wird, ist das Werk "Das Prinzip Leben" ein grundlegender naturphilosophischer Beitrag, da es die Phänomene der Organismen als echte *Teleologie* aufzuweisen vermag (Siehe dazu Pkt. 2.1). Die Aktualisierung aristotelischer Naturphilosophie vor dem Hintergrund der modernen Naturwissenschaften und Beschreibung der Evolution als Entwicklung unterschiedlich hoher *Grade der Freiheit* von Leben[181], die letztlich eine unterschiedliche *Wertigkeit* ergeben, zeichnet das Werk von Jonas aus. Aus der Transzendenz und Bedürftigkeit des Organischen ergeben sich für Jonas die *Intentionalität* und *Gefühle* der Innerlichkeit, die das Leben selbstzwecklich machen und die (physiologische) Grundlage der Moralität des Menschen dar-

---

[181] An dieser Stelle treffen sich die so unterschiedlichen Autoren wie Jonas, Mutschler und z.B. Schelling (oder Hegel). Jonas hätte einen Vergleich mit dem Idealismus strikt abgelehnt. In seiner konkreten Ausführung scheint mir jedoch seine Konzeption der Natur derjenigen von Schelling analog zu sein, da sowohl er, wie auch Schelling, von unterschiedlichen Freiheitsgraden in der Natur ausgehen (bei Schelling heißt dies dann "depotenzierte Freiheit").
"Einerseits will er über die Kantische Dichotomie hinaus, indem er Natur als Korrelat von Freiheit faßt [...] Das positive Resultat bei Schelling scheint mir zu sein, daß er ein methodisches Instrumentarium entwickelt hat, um Natur als Vorform von Freiheit zu denken" (Mutschler, 1994a, 196). Hösle gehört insofern dazu, als auch er nur im objektiven Idealismus, dem Schelling zuzurechnen ist, die Auflösung des Dualismus ausmachen kann, wenngleich sein metaphysischer Determinismus dem widerspricht.

stellen, da die Erfüllung des Strebens ein Gut für das betroffene Leben ausmacht (obwohl er keine ausgearbeitete Theorie moralischer Gefühle entwickelt).

> "Ohne den Begriff des Guten kann man nicht einmal beginnen, sich dem Begriff des Verhaltens zu nähern. Ob individuell oder sozial, intentionales Handeln per se richtet sich auf ein Gut. Nach einer alten Ansicht gipfelt die Stufenleiter der geringeren und größeren Güter, die Gegenstände des Wünschens werden und damit Verhalten motivieren können, in einem höchsten Gut, dem Summum bonum" (Jonas PL, 220).

Dass die *Prozessualität* des Lebendigen ein wesentliches Kriterium für das Leben und Verantwortung zugleich das Korrelat dieser zeitlichen Verfasstheit des Lebens beim Menschen ist, macht die Naturphilosophie von Jonas für eine Umweltethik im Zeitalter der ökologischen Krise so fruchtbar. Vittorio Hösle (an-) erkennt die enorme Bedeutung dieses Entwurfs und übernimmt sie, wobei für ihn in diesem Zusammenhang gilt, dass zusätzlich die Grundlegung der "Bedingungen der Möglichkeit" zu leisten ist, d.h. der Geltungsanspruch moderner Wissenschaft noch einmal argumentativ eingeholt und in Verbindung zur (erkannten) "Natur" gesetzt werden muss, was für ihn zur Lokalisierung einer vorgängigen Einheit von Sein und Sollen, von Faktizität und Geltung - analog dem objektiven Idealismus - führt.

4.2.1 Umweltethik im Zeitalter ökologischer Krisen

> "Mit dem allgemeinen Bewußtwerden der ökologischen Krise sieht sich die Ethik [...] vor grundsätzlich neue Herausforderungen gestellt. Der Umgang des Menschen mit seiner natürlichen Umwelt gewinnt an Bedeutung, die sich mit ganz eigenen Ansprüchen an sein Handeln geltend macht" (Korff 1997, 78).

Ergebnis dieser Arbeit soll die *Schlussthese* sein, dass eine *Umweltethik im Zeitalter der ökologischen Krise* neben der Individual- und Sozialethik *eine dritte Disziplin der allgemeinen Ethik* bilden muss[182]. Darauf verweisen sowohl die *Sonderstellung des Organischen,* wie sie Jonas aufweist und Hösle übernimmt, als auch die prinzipiell anderen Herausforderungen, die der Umgang mit der Natur in der ökologischen Krise an das Handeln des Menschen stellt. Umweltethik ist vor allem deshalb fundamental im Sinne eines genuin neuen Aufgabengebietes zu sehen, weil sie (fast) alle Bereiche individuellen und gesellschaftlichen Handelns betrifft und deshalb nicht unter den sogenannten "Bereichsethiken" eingeordnet werden kann. Diese werden als "Prinzipien mittlerer Reichweite" für ein *spezifisches* Anwendungsgebiet entwickelt, erfreuen sich dabei meist eines breiten Konsenses, haben aber *wesentliche Fragen* der Ethik nicht im Blickfeld (z.B. ihre Begründung).

Der Wegfall einer partiellen Unverfügbarkeit der Natur, die traditionell religiös fundiert war (z.B. als Schöpfung), macht eine Umweltethik notwendig, welche der Natur wieder eine gewisse Unabhängigkeit gegenüber menschlichen Eingriffen gewährt. Diese Aufgabe wird allerdings erst durch die ökologische Krise deutlich, da Natur vor dieser Krise über lange Zeit hinweg als eine den Menschen umfassende Einheit gesehen wurde, was ihr auch eine Eigenwertigkeit zugestanden hatte (vgl. dazu Punkt 1.4.2). Wesentliche Aufgaben werden sowohl die Entwicklung institutioneller und prozeduraler Mechanismen und Normen sein, um die Folgen kollektiven Handelns besser kontrollieren (bzw. die negativen verhindern) zu können, als auch die Herausarbeitung eines neuen Naturverständnisses, samt der

---

[182] Honnefelder (1993) verweist hier auf das Problem, dass eine Ethik, die Natur nicht nur in Bezug auf den Menschen hin schützen soll, sondern als einen eigenständigen Wert anerkennen will, vielleicht besser *ökologische Ethik* genannt werden sollte. Dafür spricht das in Kapitel 1 Angemerkte zum Begriff der ökologischen Krise. Man kann es aber auch so verstehen, dass die "Anthroporelativität aller Normen im Sinn eines Bezugs auf den Menschen als Normadressaten" (Honnefelder 1993, 259), sowie die Gestaltungsnotwendigkeit des Menschen gegenüber der Natur den Begriff Umweltethik weiterhin rechtfertigt.

dazugehörigen Begrifflichkeiten für einen adäquaten Umgang technologischer Zivilisationen mit der sie umgebenden Natur.

4.2.2 Grundlagen und Probleme der Umweltethik

"Die ökologische Krise zwingt uns, den Blick über die menschliche Gemeinschaft hinaus zu erweitern" (Ricken, 1987, 20). Sie zwingt uns auch, diesen Blick praktisch werden zu lassen, weshalb sich zuallererst die Frage stellt, wie die notwendigen Regularien verantwortlichen Umgangs mit der Natur aus bestehenden Ansätzen entwickelt werden können, damit die Verantwortung ihr gegenüber wieder wahrgenommen und ausgeübt, also erneut Teil der menschlichen Praxis (Poiesis) werden kann. Man wird der ethischen Aufgabenstellung in Fragen der Umwelt schwerlich gerecht, wenn nicht zugleich die wachsende Komplexität moderner industrialisierter Gesellschaften in die Perspektive miteinbezogen wird, deren Folge eine zunehmende *Fraktionierung* und *Segmentierung* von Verantwortung und Zuständigkeit ist. Innerhalb heterogener und pluraler Gesellschaften ergeben sich aufgrund ihrer Fragmentierung verschiedenste Interessen[183], die zur Kenntnis genommen und abgewogen werden müssen, denn gerade ihrem Konfliktpotenzial kommt in Bezug auf die Natur eine wichtige Rolle zu[184]. Komplementär zur Fragmentierung müssen vermehrt "Handlungskomplexe" in das Blickfeld einer Umweltethik genommen werden, d.h. dass verstärkt Menschen als *Mitglieder eines* (gesellschaftlichen oder institutionellen) *Kollektivs* die Adressaten moralischer Überlegungen sein werden.

---

[183] "Ein Interesse verfolgen bedeutet in diesem noch vorläufigen Sinne, Einfluß auf Handlungen nehmen, und zwar unter dem Gesichtspunkt, so die *Wirkungen* und *Resultate* von Handlungen zu bestimmen [...] insbesondere um solche Situationen [herzustellen], die geeignet sind, eine Befriedigung von *Bedürfnissen* zu ermöglichen" (Mittelstraß, 1975, 133).

[184] Zu den spezifischen Anforderungen einer Umweltethik schreibt z.B. Hirsch Hadorn (380): "Umweltprobleme gehen auf kollektives Handeln zurück und sind daher mit den intrinsischen Zielkonflikten kollektiven Handelns aufgrund von funktionalen Zusammenhängen in der technologischen Gesellschaft verknüpft".

Auch im Bereich konziser und tragfähiger Begriffe liegen offenkundig gewaltige Defizite vor. Gegenüber individual- oder sozialethischen Fragen, bei denen ein ganzes Arsenal ethischer Begriffe, Regeln und Prinzipien zur Verfügung steht, gibt es im Bereich der Umweltethik erheblichen Nachholbedarf, der durch eine einfache Übertragung bestehender Begriffe auf den Umgang mit der Natur nicht nur nicht beseitigt wird, sondern das Problem in einigen Bereichen sogar noch verschärft. Eine Quasipersonalisierung[185] der Natur (wie z.b. im Physiozentrismus) ist als tragfähiges Konzept genauso wenig geeignet wie der Ansatz an der Leidensfähigkeit der Tiere (Pathozentrik). Bei der Biozentrik lohnt sich zwar ein Blick auf das zugrundeliegende Naturbild (Lebensprinzip), zur *Begründung* einer Umweltethik ist dieser Ansatz jedoch ebenfalls ungeeignet. Ausgangspunkt aller ethischen Überlegungen ist und bleibt der Mensch als moralisches Subjekt (Anthropozentrismus).

"Der anthropozentrisch begründete Anspruch des Ethischen zielt zwar wesenhaft auf den Menschen als dem *Adressaten* dieses Anspruchs. Dies meint aber gerade nicht, daß der Mensch gleichzeitig auch einziger Inhalt der sich daraus für ihn ergebenden ethischen Forderungen ist [...] Der Mensch ist das Wesen der Verantwortung, darin manifestiert sich seine Würde, und eben dies schließt in jedem Falle Willkür im Umgang mit den Hervorbringungen und Erscheinungsformen der Natur a limine aus" (Korff 1997, 81).

---

[185] Es ist gerade das Verdienst von Korff, dem ich in dieser Hinsicht folge, auf das Problem konziser Begriffe hinzuweisen. Natur wird dann in quasipersonalen Kategorien gedacht, wenn der Umgang mit ihr dialogisch im Sinne von "Partnerschaft" oder "Geschwisterlichkeit" verstanden wird. Hier zeigt sich eine wichtige Grenzüberschreitung.
"Solche Versuche, den Umgang des Menschen mit der ihn umgreifenden Schöpfung in Kategorien des Personalen fassen zu wollen und entsprechend als ein interpersonales Geschehen zu deuten, erweisen sich als ebenso falsch wie gefährlich [...] Der Versuch, die Verantwortung des Menschen für die Natur durch eine Art Quasipersonalisierung ihrer Erscheinungsformen zu sichern, führt zwangsläufig zur Einebnung des personalen Anspruchs des Menschen. Person meint dann letzlich dasselbe wie Natur, so erhaben und gleichgültig wie diese" (Korff 1997, 80).

Ein recht verstandener Anthropozentrismus vermeidet die Probleme und Willkür vieler Ansätze in der Umweltethik aber auch nur dann, wenn er das Objekt seiner Bestimmung genauer spezifizieren kann und es gelingt, die diesem Objekt eigene Dignität aufzuweisen. Eine Ausdehnung der Umweltethik auf die Tier- und Pflanzenwelt ist deshalb, soll sie nicht willkürlich sein, wesentlich auf intrinsische Werte - und damit die Naturteleologie - angewiesen[186]. Das Spektrum der Verantwortung gegenüber der Natur reicht jedoch weit über den Umgang mit einzelnen Lebensformen oder den Arten hinaus. Nur eine dauerhafte Sicherstellung der Funktionsfähigkeit menschlicher Zivilisationssysteme im Rahmen der "Tragekapazität" der sie umgebenden Natur und Ökosysteme bietet eine Gewähr für eine dauerhafte und umweltgerechte Entwicklung und nur eine Entwicklung, die von den Bedingungen der Natur mitgetragen wird, kann überhaupt als Fortschritt bezeichnet werden. Der verantwortliche Umgang mit der Natur in der ökologischen Krise muss sich also viel umfassender *auch* auf höchst unterschiedliche Ökosysteme und ökosystemare Zusammenhänge sowie schließlich die Biosphäre als Gesamtes beziehen. Die Frage, welche Natur hier genau zu schützen sei, ist unklarer und unter Umständen nicht mehr zeitlos oder geschichtsunabhängig zu beantworten.

"Die wegweisende Bedeutung des Sustainability-Konzepts liegt darin, daß es die ökologische Frage aus ihrer Isolierung herausholt und als unabdingbaren Bestandteil der gesellschaftlichen Gesamtentwicklung erkennen läßt. Der Umgang mit der Natur betrifft keine Randbedingungen der gesellschaftlichen Entwicklung, sondern erweist sich als ein Faktor, ohne dessen verantwortliche Gestaltung letztlich alles Bemühen um wirtschaftliches Wachstum und soziale Konsolidierung in eine Sackgasse gerät" (Korff 1997, 84).

---

[186] "Denn eine Sittlichkeit, die nicht in intentione recta auf Dinge-an-sich ginge, wäre keine solche. Gegenüber bloßen Phänomenen gibt es keine sittliche Verpflichtung" (Mutschler 1994a, 194).

Eingriffe des Menschen in die Natur, um seine Lebensbedingungen zu verbessern und die eigene Lebenswelt zu gestalten sind Bedingung der Möglichkeit nicht nur menschlicher Existenz, sondern auch der damit verbundenen Umweltethik. Verantwortung und Fortschritt kann deshalb wiederum nur darin bestehen, soziale und ökonomische Ziele gegenüber dem Schutz der Natur mitzudenken und zu beachten. Neben dem sich in Bezug auf die *Naturnutzung* etablierenden Begriff der Nachhaltigkeit, der die Zukunftsfähigkeit wirtschaftlicher und sozialer Entscheidungen betont, kommt der "Vernetzung" aller Bedingungen menschlichen Handelns in einer Umweltethik eine zentrale Rolle zu, was Korff deshalb, in Abgrenzung zu den traditionellen Begriffen Personalität, Solidarität und Subsidiarität, als *Retinität*[187] bezeichnet. Soll aufgrund dieser Anforderungen nicht ein von menschlichen Bedürfnissen unabhängiges "ökologisches Gegenethos"[188] aufgebaut werden, muss es einer teleologischen Naturphilosophie obliegen, der Natur insgesamt ihre eigene Dignität zurückzugeben, ohne die spezifischen Unterschiede bzw. Wertabstufungen zu verleugnen. Wenn Umweltethik im Zeitalter der ökologischen Krise eine tatsächliche Unterscheidung von den Bereichsethiken erfahren soll, dann muss sie genau hierzu fundamentale Bestimmungen beinhalten. Vor aller Überlegung, *wie* (und *welche*) Natur am besten zu schützen ist, muss auch die Frage geklärt werden, *ob* sie denn, im Sinne eines kategorischen Imperativs, geschützt werden soll. Umweltethik, die in diesem Sinne mehr als ein wohlverstandenes Eigeninteresse an der Zukunft sein soll, kommt also auf keinen Fall umhin, neben der *Begründung* und den Voraussetzungen ihrer selbst die *Bedingungen* zu klären, die das *moralische Bezugsobjekt intrinsisch wertvoll* machen.

---

[187] Die "stets neu zu leistende fundamentale Zuordnung von Mensch und Natur im umweltspezifischen Sinne bedarf der Benennung eines eigenen Handlungsprinzips, das der hier zu leistenden Aufgabe die Richtung weist. Der zentrale Imperativ hierfür heißt 'Gesamtvernetzung', oder, mit einem vom lateinischen *rete* (das Netz) abgeleiteten Begriff: *Retinität*" (Korff 1998, 15).

[188] "Ethisch entscheidend ist [in diesem Fall] die Tatsache, daß man [...] in Sachen Umwelt und ihren gewaltigen Herausforderungen auf eine Strategie setzt, in der die Natur als eine unverfügbare Größe suggeriert wird, um sie so dem instrumentellen Zugriff des Menschen möglichst zu entziehen" (Korff 1997, 83).

Für eine Umweltethik im Zeitalter der ökologischen Krise zeigt die Natur-teleologie von Jonas die Möglichkeit einer Handlungsorientierung gegen-über der Natur an. Da der Mensch evolutionäres Produkt der Natur ist, muss nicht nur eine tatsächliche Leib-Seele-Einheit bestehen, womit Natur nicht einfach nur das Andere dem Menschen gegenüber sein kann, sondern dann ist der Mensch auch und zuallererst Bestandteil dieser Natur. Das be-deutet wiederum, dass die Natur das Fundament des eigenen Subjektseins darstellt und als Fundament eine dieses Subjekt umfassende Ganzheit dar-stellt - und als Ganzheit auch erfasst werden kann. Die Voraussetzung die-ses Naturseins, Natur als Ganzes, kann nun nicht selbst noch einmal zum Mittel gemacht werden, ohne letztlich das Subjektsein aufzuheben[189].

"In diesem Sinn erscheint Natur als der Inbegriff des Lebens, der nicht gegen sein Gesetz instrumentalisiert werden darf, soll nicht mithin die eigene Natur und damit das Subjekt selbst zum bloßen Mittel werden. Das Selbstsein des Subjekts impliziert das Selbstsein der Natur, das seinerseits nur gewahrt wird, wenn wir in unserem Umgang mit der Natur zwischen *uti* und *frui*, zwischen Gebrauchen und Seinlassen zu unterscheiden vermögen" (Honnefelder 1993, 262).

Natur ist in diesem Sinne die Bedingung der Möglichkeit des Subjektseins, was Jonas in der beeindruckenden und sorgfältigen Untersuchung des "Prinzips" Leben belegt. Diese Bedingung kann nur bewahrt werden, wenn sie in ihrem Eigensein als schützenswertes Gut gesehen wird. Da der Mensch immer nur ein Teil dieses umfassenden Ganzen ist, beinhaltet Na-turerfahrung zugleich die Erfahrung von Grenzen und der eigenen End-lichkeit. Die durch die umgreifende Ganzheit *erfahrene* natürliche *Eigenwer-tigkeit* begegnet dem Menschen sowohl in *ästhetischen*, als auch *religiösen* *Deutungen* der Natur, sowohl in *unberührter*, als auch in *gestalteter* Natur. In

---

[189] Hier und an anderer Stelle (4.3.2) folge ich im Wesentlichen Honnefelder (1993).

diesem Sinne kann auch vieles vom Menschen in der Natur und mit der Natur gemachte Schutz beanspruchen[190].

"Wenn aber die tiefere Einsicht Heideggers richtig ist, daß angesichts unserer Endlichkeit wir finden, daß es uns darum geht, nicht nur daß wir, sondern auch wie wir existieren, dann muß die bloße Tatsache, daß es ein solches *Interesse* irgendwo in der Welt gibt, auch die Ganzheit qualifizieren, die diesen Tatbestand enthält; und erst recht, wenn sie ihn hervorgebracht hat" (Jonas PL, 372).

4.2.3 Inhalte einer Umweltethik

"Es liegt auf der Hand, daß es für den Umgang des Menschen mit der Natur angesichts der neuen Herausforderungen entsprechender handlungsleitender Prinzipien bedarf, nach denen sich dieser Umgang als *gut* oder *schlecht* bestimmen läßt" (Korff 1997, 79).

In der ökologischen Krise müssen vor allem prozedurale und institutionelle Mechanismen zum Tragen kommen, welche die Handlungsfolgen individueller Produktions- und Konsumentscheidungen in die Handlungsüberlegungen zu integrieren vermögen. Dazu gehören sicher Instrumente wie eine ökologische Steuerreform, der Handel mit Emissionslizenzen, die Internalisierung externer Kosten (sowohl in die Produktion als auch in den Konsum) sowie Rahmenbedingungen für einen ökologisch verträglichen (Welt-) Handel (z.B. Begünstigung regionaler Produkte und Märkte). Eine

---

[190] "Natur erscheint aber nicht nur als das Menschen Bedingende und Umgreifende, das in seiner allem Handeln voraufgehenden Eigengesetzlichkeit Schutz beansprucht, sondern auch als das vom Menschen Gemachte und Geformte, das in seiner Gestalt Schutz beansprucht, weil diese Gestalt Teil der Kultur ist, das heißt Teil des Entwurfs des gelingenden Lebens der jeweiligen Gesellschaft ist. In diesem Sinn gehört zu der zu schützenden Natur auch das Kulturdenkmal in der bebauten Natur" (Honnefelder 1993, 262).

entscheidende Rolle kommt dem industriellen Produktionsprozess zu, in dem sich der von allen Wertvorstellungen *gegenüber der Natur* getrennte und deshalb (*absolut*) instrumentalisierte und zweckrationale Zugriff vollzieht (Vgl. dazu Pkt. 1.3). Aufgrund physikalischer Gesetze ist alles menschliche Wirtschaften auf längere Sicht hin fundamentalen Beschränkungen unterworfen[191]. Die schlichte Erkenntnis ist die, dass es nicht genügt nur auf erneuerbare Energien und nachwachsende Rohstoffe zurückzugreifen, sondern dass eine drastische Einschränkung des Energie- und Rohstoffverbrauches Konsequenz neuen wirtschaftlichen Handelns sein muss[192], weshalb man um eine (monetäre) Bewertung der nicht-erneuerbaren Rohstoffe nicht umhin kommt, insbesondere dann, wenn die Internalisierung externer Kosten wirklich gelingen soll[193].

---

[191] "Other things are *scarce* in a sense that does not apply to land, because, first, the amount of low entropy within our environment (at least) decreases continously and irrevocably, and second, *a given amount of low entropy can be used by us only once*" (Georgescu-Roegen 1971, 278).

[192] Es stellt sich hier die Frage, ob es mit einer reinen "Effizienzrevolution", wie sie vor allem Lovins, aber auch von Weizsäcker fordern, getan ist. Eine Effizienzrevolution ist sicher notwendige Bedingung, um die Vorteile industrieller Produktion allen Menschen zugänglich machen zu können. Es stellt sich aber die Frage, ob die Effizienzrevolution (alleine) auch eine hinreichende Bedingung für ein zukunftsfähiges Wirtschaften sein kann.

"Eines der Zauberworte heißt: bessere Technik. Bessere Wirkungsgrade werden überall angestrebt und auch erreicht; doch es gibt naturgesetzliche Grenzen, wie jeder Techniker weiß. Die Mikroelektronik hat Symbolcharakter. Sie kommt im Vergleich zu früheren Informationstechniken mit weit geringerem Aufwand an Material und Energie aus. Richtig, doch gilt das eben nur für die Information. Wenn mikroelektronische Steuerung den Ausschuß bei der Automobilproduktion mindert, wirkt sie auch entropiemindernd; wo sie die Abfüllmaschinen für Einwegverpackungen beschleunigt, bewirkt sie das Gegenteil" (Schütze 1990, 24).

[193] Dabei stellt sich natürlich die Frage, ob Rohstoffe und Ressourcen nicht einen objektiven "Wert" besitzen. Hier kommt tatsächlich, wie Hösle richtig anmerkte, der ökonomischen Theorie eine fundamentale Bedeutung zu. Gegenüber der klassischen Theorie, als der Boden noch ein eigenständiger Produktionsfaktor war, werden heute nur noch Kapital (Sachkapital als bearbeitete Natur respektive Geldkapital) und Arbeit (der Umformungsprozess von Natur durch Mensch und Energie) als Produktionsfaktoren, und damit (ökonomisch) "wertbildend", gesehen, wie beispielsweise die

Dass sich dazu auch der Eigentumsbegriff in dem Sinne wandeln muss, dass er wieder vom Gebrauchswert her definiert und betrachtet wird, hat Hösle treffend angemerkt. An einer drastischen Selbstbeschränkung, vor allem im Konsumverhalten, führt aber dennoch kein Weg vorbei. Hier zeigt sich die Notwendigkeit dessen, was sowohl Jonas als auch Hösle mit Nachdruck vertreten: Eine Ethik der Bescheidung und Tugend der Mäßigung. Auch das Umweltrecht wird entscheidende Veränderungen erfahren müssen, was z. B. die Etablierung der "Zwischenform" des Organischen (zwischen Sachen und Personen), insbesondere der Tiere, als eigenen Rechtsstatus betrifft[194]. Das Umweltrecht gibt allgemein verbindliche Standards und verlässliche Handlungsorientierungen vor und hat gegenüber den normalen moralischen Überzeugungen als Handlungsaufforderung die "Befugnis

---

Cobb-Douglas Produktionsfunktion zeigt. Demgegenüber stellt Georgescu-Roegen (1971) fest:
"It is again thermodynamics which explains why the things that are useful have also an economic value - not to be confused with price" (278); "Since the economic process materially consists of a transformation of low entropy into high entropy, i.e., into waste, and since this transformation is irrevocable, *natural ressources must necessarily represent one part of the notion of economic value*. And because the economic process is not automatic, but willed, the sevices of all agents, human or material, also belong to the same facet of that notion" (18, Hervorhebung durch A.R.); "Low entropy, as I started earlier, is a *necessary* condition for a thing to have value. This condition, however, is not also *sufficient*. The relation between economic value and low entropy is of the same type as that between price and economic value. Although nothing could have a price without having an economic value, things may have an economic value and yet no price" (282).

[194] Die Frage des Rechts knüpft gemeinhin nicht an Interessen an, sondern gründet in der sittlichen Verantwortung der Person. Deshalb kann Wesen die zwar moralische Objekte, aufgrund ihrer Natur aber niemals Subjekte moralischer Forderungen sein können, Recht nicht zugesprochen werden. Obwohl es also um Güter des Tieres gehen kann, geht es nie um Rechte des Tieres, da sich in der Tradition Recht nicht auf bestimmte Güter bezieht, sondern auf die Befugnis von Personen darüber, auf ihre Verfügungsgewalt. In der ökologischen Krise stellt sich aber die Frage, ob nicht in einer Umweltethik, wenn eigene Interessen bzw. deren Analogien (über die Tiere verfügen) gegeben sind, davon ausgegangen werden kann Tieren in ihrer Sonderstellung innerhalb der moralischen Objekte zumindest Schutzrechte zuzusprechen.

zu zwingen" (Kant 1990, 68), weshalb es in Bezug auf die Umweltethik ein wesentliches Mittel *politischer* Verantwortung darstellen wird. Dass die geschilderten Ansätze und Maßnahmen[195] konkrete Anwendungen sind, die sich aus einer Umweltethik im Zeitalter der ökologischen Krise zumindest für industrialisierte Staaten ergeben, dürfte unzweifelhaft sein. Inwiefern sie sich als materiale Inhalte aus der Umweltethik selbst ergeben, wird zu klären sein.

Für das *praktische Urteil* ergibt sich zunächst, dass in die Frage, *welche* Natur zu schützen sei, *Interpretationen* verschiedener Resultate, wie z.b. die der naturwissenschaftlichen Fakten, metaphysischen Erklärungen sowie lebensweltlichen Erfahrungen, eingehen werden. Die Auflösung des Problems *konfligierender* Interessen und Teilziele in der Umsetzung und Gestaltung menschlicher Lebensumwelt wird dabei das Resultat einer *Güterabwägung* sein müssen, die wieder an intrinsischen Naturwerten anknüpft. Diese Güterabwägung wird stets ein *Kompromiss* sein, da die vom Menschen bewohnte und genutzte Natur "nicht ein vorgegebener, sondern ein aufgegebener Zustand [ist], nicht ein rein deskriptives, sondern deskriptiv-präskriptives Prädikat" (Honnefelder 1993, 263). Der *praktische Diskurs* der gesellschaftlichen Gruppen, der diesen Kompromiss finden und definieren muss, darf jedoch nicht völlig autonom vom Menschen bestimmt sein. Um ihn zu einem vernünftigen Diskurs zu machen unterliegt dieser *umwelt- ethische Diskurs* seinerseits *materialen Kriterien* und *Grenzen*, die diesem voraus liegen und in der Eigenwertigkeit der Natur begründet liegen. Dies für die Umweltethik erkannt und postuliert zu haben, ist bleibendes Verdienst von Vittorio Hösle. Umgekehrt heißt das, dass der *konkreten Anwendung* abstrakter, universell gültiger moralischer Regeln in Bezug auf die Natur eine tragende Rolle zukommt, um Umweltethik letztlich auch praktisch und damit lebbar zu machen. Das genaue *Wie* wird es sein, was kulturell

---

[195] Wobei es durchaus so sein wird, dass sich Synergieeffekte zwischen den verschiedenen Bereichen ergeben. Der Rückgriff auf Solarenergie wird z.B. eine Dezentralisierung der Energieversorgung zur Folge haben, da diese nicht in den konventionellen Mengen erzeugt und verteilt werden kann und deshalb in unmittelbarer Nähe des Verbrauchers angesiedelt sein sollte.

verschieden und in historisch unterschiedlichen Zugängen beantwortet werden muss.

Zwar haben alle prozeduralen Formen und institutionellen Regularien, einschließlich des Rechts in Form des Umweltrechts, im Rahmen gesellschaftlichen Handelns in der ökologischen Krise eine unverzichtbare Bedeutung. Doch das Aufruhen all dieser Prinzipien auf moralische Grundüberzeugungen macht sie immer abhängig vom gesellschaftlichen Naturverständnis und auch ihre Wirksamkeit hängt von der moralischen Grundeinstellung der betroffenen Menschen ab[196]. Umweltethik im Zeitalter der ökologischen Krise bleibt damit der praktischen und gelebten Sittlichkeit gegenüber noch einmal rückgebunden, während diese wiederum als Handlungsimperativ ihre Motivation aus der zugrundeliegenden Idee von Natur zieht. Die globale ökologische Krise ist deshalb auch ein zutiefst geistiges Phänomen, weshalb Hösle als Aufgabe und Verantwortung der Philosophie sieht, die zugrundeliegende Idee von Natur (metaphysisch) neu zu erschließen und fruchtbar zu machen.

"Von den ideellen Häusern des Menschen ist das umfassendste das Ganze des Seins, der Gegenstand der Philosophie; und die Gefährdung unseres irdischen Hauses hat zu tun mit der Zerstörung des ideellen Hauses. So unerläßlich, vielleicht sogar vorrangig, ökotechnokratische Detailarbeit, die den Einzelwissenschaften überlassen ist, in der nächsten Zukunft sein wird, sosehr wird doch nur eine Wiederherstellung des ideellen Hauses langfristig das Überleben

---

[196] Hier gilt es, zwischen der moraltheoretischen Begründung einer Pflicht und der faktischen Akzeptanz zu unterscheiden. Die Akzeptanz folgt zum einen aus der Begründung und zum anderen aus davon unterschiedenen Motivationsfaktoren, wie z.B. religiöse und/oder metaphysische Einstellungen (gegenüber der Natur). Wäre die moralische Pflicht gegenüber der Natur in technologischen Gesellschaften nur durch die Verbindlichkeit *intersubjektiver Strukturen mit Sanktionscharakter* zu gewährleisten, wie Hirsch Hadorn anzunehmen scheint (395), dann stellt sich die Frage, ob es sich tatsächlich noch um echte moralische Normen handelt, auf denen das Recht mit seinem Sanktionscharakter aufruhen kann, oder nicht vielmehr um *Legalität* im Kantischen Sinne.

unseres planetarischen Hauses zu sichern vermögen: die Wiederge-
winnung einer metaphysischen Heimat für den Menschen der technischen Zivilisation" (Hösle PÖK, 18f).

Der Durchschnittseuropäer ist im praktischen Verhalten zutiefst von der
Dichotomie von Natur und Subjekt, wie sie mit Descartes deutlich wurde,
geprägt. Natur wird deshalb noch geraume Zeit als etwas betrachtet wer-
den, das im Konfliktfall den subjektiven Interessen zu weichen hat (wenn-
gleich demgegenüber in moralischen Debatten oft genug ein "ökologisches
Gegenethos" vertreten wird). Ein letzter Gedanke gilt deshalb dem Problem
der Verfolgung von Interessen und des Anstrebens von Gütern, der mit der
Frage verbunden ist, warum wir uns überhaupt moralisch gegenüber der
Natur verhalten sollen (also nicht dass wir das sollen). Jedes Verfolgen von
Interessen oder Anstreben von Gütern begrenzt sich insofern selbst, als die
Verwirklichung eines Interesses (oder Gutes) die Verwirklichung anderer
Ziele (oder Güter), sowohl intra- als auch interpersonell, ausschließen kann.
Sobald ein Interesse oder Gut zum letzten Kriterium der Handlungsent-
scheidung gemacht wird, lässt sich diese Entscheidung, die eine Neigung
oder Dezision ausdrückt, nicht eigentlich rechtfertigen und kann deshalb
nicht als Kriterium ihrer Richtigkeit dienen. Einzelne Interessen oder Güter
können deshalb keine letzten Gesichtspunkte einer moralischer Entscheidung abgeben, weil sie auf übergeordnete Gesichtspunkte verweisen. Güter
sind in dem Sinne indifferent, als sie einen verschiedenen Gebrauch zulas-
sen (auch Interessen lassen sich in gewisser Weise verschieden gebrauchen,
auf jeden Fall lassen sie sich unterschiedlich erfüllen). Nützlich werden sie
erst in einem vernünftigen Gebrauch.

"Die einzelnen Güter lassen die Frage nach ihrem richtigen
Gebrauch offen. Auf diesen wichtigen Sachverhalt haben vor allem
Platon, Aristoteles und Kant hingewiesen. Platon und Aristoteles

haben deshalb zwischen den Gütern und dem Guten unterschieden"
(Ricken ²1989, 89).[197]

Hans Jonas hatte gesehen, dass eine wertfreie und rein zweckrationale Wissenschaft alleine nicht dazu beitragen kann, ein angemessenes Verhältnis des Umgangs des Menschen mit der Natur zu finden. Naturwissenschaft und Technik können deshalb nichts zur Lösung der Probleme beitragen, weil dazu Werte und Normen benötigt werden, die sich nicht aus diesen selbst ergeben. Allein wohltätiger Wille ist in den Augen von Jonas, wiewohl als "habituelle individuelle Geneigtheit" unentbehrlich, für einen wohltätigen Gebrauch der Wissenschaft nicht ausreichend. Zum guten Willen hinzu kommen muss das Wollen des "Guten" (eine eigene Wertrationalität), und dies wiederum erfordert eine Idee davon, was "das Gute" (für den Menschen) überhaupt sein könnte. Wenn es darum ein Wissen geben sollte, dann nicht von den wertfreien Wissenschaften her. Eine Theorie darüber, die Jonas mit "Wertwissen" bezeichnet, müsste

"die Frage der Zwecke wieder aufnehmen, welche die radikale Vagheit des 'Glücks'-Begriffes offenläßt und in der Wissenschaft, der Beschaffung der Mittel zum Glück hingegeben, kein Spruchrecht hat. Die Ermahnung, die Wissenschaft im Interesse des Menschen zu nutzen, und in seinem besten Interesse, bleibt so lange leer, als es unbekannt ist, was das beste Interesse des Menschen ist" (Jonas PL, 338).

Das bedeutet aber letztlich auch eine Neuorientierung und Rückbindung individueller Interessen an die Instanzen, die Subjektivität überhaupt erst ermöglichen: die Natur und die Gesellschaft. Nur durch die Natur und in der Gesellschaft kann der Mensch zu dem werden, "was er sein soll". Damit aber muss auch geklärt werden, "worum es bei ihm geht und was ihm frommt" und "was er *nicht* sein darf, was ihn mindert und entstellt" (Jonas

---

[197] Ricken, dem ich bis hierher gefolgt bin, nennt diese Unterscheidung zwischen dem sittlich Guten und den Gütern, die sich gegenseitig ausschließen können und gegenüber ihrem Gebrauch indifferent sind, eine "axiologische Differenz".

GZE, 6), was er also für ein *Wesen* ist. Neben dieser "Wesensschau" benötigt der Mensch jedoch für die konkrete Rückbindung die Idee des Guten, welches ihn in diesem Sinne immer (schon) transzendiert(e). Die Begrenzung des Problems auf reine Interessenskonflikte, die sich aus unterschiedlichen Naturbegriffen ergeben, greift viel zu kurz und insofern hat Hösle wohl recht, wenn er den entscheidenden Unterschied in der ökologischen Krise in der Verabsolutierung von Individualität und Zweckrationalität sieht.

Nachwort

Dreierlei ist mir mit dieser Arbeit sehr deutlich geworden:

1. Nur eine Metaphysik der Natur, die eine echte Teleologie (zumindest der Organismen) enthält, ist konsistent und für eine Umweltethik im Zeitalter der ökologischen Krise tragfähig;

2. Neben der transzendentalen Moralbegründung kommt der Objektbestimmung und der intrinsischen Werte durch eine adäquate Naturphilosophie eine entscheidende Rolle in der Umweltethik zu. Das heißt umgekehrt, dass nur eine metaphysische Naturphilosophie überhaupt eine materiale Umweltethik begründen kann.

3. Der praktische (moralische) Bezug zur Natur ist untrennbar mit der theoretischen Auseinandersetzung über das (leitende) Naturverständnis verbunden.

Das "Kramen in Worten" hat somit einen sehr viel tieferen Sinn als Faust ahnte, weshalb ich diese Arbeit mit einem letzten Zitat aus diesem Werk beenden möchte. Die Passage setzt sich mit der Deutung des Beginns der Welt auseinander, eine Frage, die sowohl für eine Naturphilosophie, als auch für eine Ethikbegründung und ihre Anwendung eine wichtige Rolle spielt. Faust orientiert sich dabei am griechischen *Logos*-Begriff. Dieser zentrale Begriff der griechischen Philosophie steht in enger Verbindung mit "Denken", deutet darüber hinaus jedoch sowohl auf den geordneten Zusammenhang des Kosmos, als auch auf das systematische Erfassen dieser Weltordnung, deren sprachliche Formulierung und schließlich das geeignete Handeln in dieser Einheit hin.

FAUST. [...]
Geschrieben steht: "Im Anfang war das Wort!"
Hier stock ich schon! Wer hilft mir weiter fort?
Ich kann das Wort so hoch unmöglich schätzen,
Ich muß es anders übersetzen,
Wenn ich vom Geiste recht erleuchtet bin.
Geschrieben steht: Im Anfang war der Sinn.
Bedenke wohl die erste Zeile,
Daß deine Feder sich nicht übereile!
Ist es der Sinn, der alles wirkt und schafft?
Es sollte stehn: Im Anfang war die Kraft!
Doch auch indem ich dieses niederschreibe,
Schon warnt mich was, daß ich dabei nicht bleibe.
Mir hilft der Geist! Auf einmal seh ich Rat
Und schreibe getrost: Im Anfang war die Tat!

(Goethe, Faust I, 1224 - 1237)

Literaturverzeichnis

I) Primärliteratur

Bücher

Hösle, V. (1984): Wahrheit und Geschichte. Studien zur Struktur der Philosophiegeschichte unter paradigmatischer Analyse der Entwicklung von Parmenides bis Platon. Stuttgart-Bad Cannstatt: Frommann-Holzboog

Hösle, V. (1987): Hegels System. Der Idealismus der Subjektivität und das Problem der Intersubjektivität, 2 Bände. Hamburg: Meiner

Hösle, V. (^{2}1994): Philosophie der ökologischen Krise. Moskauer Vorträge. München: Beck

Hösle, V. (^{2}1995): Praktische Philosophie in der modernen Welt. München: Beck

Hösle, V. (1996): Philosophiegeschichte und objektiver Idealismus. München: Beck

Hösle, V. (^{3}1997): Die Krise der Gegenwart und die Verantwortung der Philosophie: Transzendentalpragmatik, Letztbegründung, Ethik. München: Beck

Hösle, V. (1997): Moral und Politik. München: Beck

Hösle, V. (1999): Die Philosophie und die Wissenschaften. München: Beck

Jonas, H. (1984): Das Prinzip Verantwortung. Versuch einer Ethik für die technologische Zivilisation. Frankfurt: Suhrkamp

Jonas, H. (1987): Macht oder Ohnmacht der Subjektivität? Das Leib-Seele-Problem im Vorfeld des Prinzips Verantwortung. Frankfurt: Suhrkamp

Jonas, H. (1997): Das Prinzip Leben. Ansätze zu einer philosophischen Biologie. (Erstveröffentlichung unter dem Titel "Organismus und Freiheit"). Frankfurt: Suhrkamp

Literaturverzeichnis

Jonas, H. (1991): Erkenntnis und Verantwortung. Gespräch mit Ingo Hermann in der Reihe "Zeugen des Jahrhunderts". Göttingen: Lamuv

Jonas, H. (1993): Dem bösen Ende näher: Gespräche über das Verhältnis des Menschen zur Natur. Frankfurt: Suhrkamp

Jonas, H. (1994): Philosophische Untersuchungen und metaphysische Vermutungen. Frankfurt: Suhrkamp.

Aufsätze:

Hösle, V. (1988): Tragweite und Grenzen der evolutionären Erkenntnistheorie, in: *Zeitschrift für allgemeine Wissenschaftstheorie 19*, S. 348-377. Wiesbaden/Stuttgart: Steiner (wieder veröffentlicht in: PW, S. 74 - 103)

Hösle, V. (1989): Über die Unmöglichkeit einer naturalistischen Begründung der Ethik, in: *Wiener Jahrbuch für Philosophie 21*, S. 13 - 29. Wien: Braumüller (wieder veröffentlicht in: PW, S. 104 - 124)

Hösle, V. (1991): Sein und Subjektivität. Zur Metaphysik der ökologischen Krise, In: *Prima Philosophia 4/1991*, S. 519-541. Cuxhaven: Junghans (wieder veröffentlicht in: PP, S. 166 - 198)

Hösle, V. (1994): Ontologie und Ethik in Hans Jonas, in: Böhler, D. (Hrsg.), *Im Dialog mit der Zukunft*, S. 105 - 125. München: Beck

Hösle, V. (1998): Der Darwinismus als Metaphysik (zusammen mit Ch. Illies), In: *Jahrbuch für Philosophie des Forschungsinstituts für Philosophie Hannover 9*, S. 97 - 127. Wien: Passagen (wieder veröffentlicht in: PW, S. 46 - 73)

Jonas, H. (1986). Prinzip Verantwortung. Grundlegung einer Zukunftsethik. In: Meyer, T./ Miller, S. (Hrsg.), *Zukunftsethik und Industriegesellschaft*, S. 3 - 14. München: J. Schweitze. (In überarbeiteter Fassung wieder veröffentlicht in: PU, S. 128 - 146)

Jonas, H. (1991). Wissenschaft und Forschungsfreiheit: Ist erlaubt, was machbar ist? In: Lenk, H. (Hrsg.) *Wissenschaft und Ethik*, S. 193 - 214. Stuttgart: Reclam

II) Allgemeine Literatur

Aristoteles (1994). Politik. Nach der Übersetzung von Franz Susemihl. Reinbek: rororo

Bauberger, S. (1999). Naturphilosopie. Grenzfragen der Physik. Aufbau der Materie, Kosmologie, Quantentheorie. Unveröffentlichtes Manuskript zur Vorlesung an der Hochschule für Philosophie, München

Beck, U. (1986). Risikogesellschaft. Auf dem Weg in eine andere Moderne. Frankfurt: Suhrkamp

Birnbacher, D. (1980). Sind wir für die Natur verantwortlich? In: Birnbacher, D. (Hrsg.), *Ökologie und Ethik*, S. 103 - 139. Stuttgart: Reclam

BUND & Misereor ([4]1997). Zukunftsfähiges Deutschland. Ein Beitrag zu einer global nachhaltigen Entwicklung. Basel: Birkhäuser

Engels, E.-M. (1982). Die Teleologie des Lebendigen. Kritische Überlegungen zur Neuformulierung des Teleologieproblems in der angloamerikanischen Wissenschaftstheorie. Eine historisch-systematische Untersuchung. Berlin: Duncker und Humblodt

Goethe (1986). Faust. Der Tragödie erster Teil. Stuttgart: Reclam

Georgescu-Roegen, N. (1971). The Entropy Law and the Economic Process. Cambridge: Harvard University Press

Hirsch Hadorn, G. (2000). Umwelt, Natur und Moral. Eine Kritik an Hans Jonas, Vittorio Hösle und Georg Picht. München/Freiburg: Alber

Höffe, O. (1998). Lesebuch zur Ethik. Philosophische Texte von der Antike bis zur Gegenwart. München: Beck

Horkheimer, M. (1985). Zur Kritik der instrumentellen Vernunft. Frankfurt: Fischer

Honnefelder, L. (1993). Welche Natur sollen wir schützen? In: *GAIA 2, Nr. 5*, S. 253 - 264. Baden-Baden: Nomos

Kant, I. (1923). Was ist Aufklärung? In: Kant´s gesammelte Schriften Bd. VIII, S. 35 - 42. Berlin: de Gruyter

Kant, I. (1990). Die Metaphysik der Sitten. Stuttgart: Reclam

Kather, R. (1998). Ordnungen der Wirklichkeit. Die Kritik der philosophischen Kosmologie am mechanistischen Paradigma. Würzburg: Ergon

Korff, W. (1997). Schöpfungsgerechter Fortschritt. Grundlagen und Perspektiven der Umweltethik, In: *Herder Korrespondenz 51*, S. 78 - 84. Freiburg: Herder

Korff, W. (1998). Einführung in das Projekt Bioethik, In: Korff, W./Beck, L./Mikat, P. (Hrsg.), *Lexikon der Bioethik*, Gütersloh: Gütersloher Verlagshaus

Luhmann, N. (1975). Soziologische Aufklärung 2. Köln, S. 21 - 33. Opladen: Westdeutscher Verlag

Malley, J. (1996). Von Ressourcenschonung derzeit keine Spur. In: Radloff, J. (Hrsg.), *Politische Ökologie 49, 14. Jg.*, S. 46 - 50. München: Ökom

Mittelstraß, J. (1975). Über Interessen. In: Mittelstraß, J. (Hrsg.), *Methodologische Probleme einer normativ-kritischen Gesellschaftstheorie*, S. 126 - 159. Frankfurt: Suhkamp

Mittelstraß, J. (1981). Das Wirken der Natur. Materialien zur Geschichte des Naturbegriffs. In: Rapp, F. (Hrsg.), *Naturverständnis und Naturbeherrschung*, S. 36 - 69. München: Fink

Mittelstraß, J. (1994). Kultur-Natur. Über die normativen Grundlagen des Umweltbegriffs. Konstanz: Hartung-Gorre

Mutschler, H.D. (1990). Physik, Religion, New Age. Würzburg: Echter

Mutschler, H.D. (1994a). Verschwinden des Subjekts. In: Schrödter, H. (Hrsg.), *Das Verschwinden des Subjekts in der Fragmentierten Lebenswelt?* Würzburg: Königshausen & Neumann

Mutschler, H.D. (1994b). Technische Kausalität und klassische Vierursachenlehre. In: Hauser, L./ Nordhofen, E. (Hrsg.), *Im Netz der Begriffe. Religionsphilosophische Analysen.* Altenberge: Oros

Mutschler, H.D. (1996). Über die Möglichkeit einer Metaphysik der Natur. In: *Philosophisches Jahrbuch 103*, S. 2 - 14. München/Freiburg: Alber

Postler, G. (1995). Lebens- oder Höchstleistung. In: Schneider, M./Geißler, K.H./Held, M. (Hrsg.), *Politische Ökologie 13. Jg., Sonderheft 8*, S. 57 - 60. München: Ökom

Ricken, F. (1987). Anthropozentrismus oder Biozentrismus? Begründungsprobleme der ökologischen Ethik. In: *Theologie und Philosophie 92*, S. 1 - 21. Freiburg: Herder

Ricken, F. (^{2}1989). Allgemeine Ethik, Stuttgart: Kohlhammer

Ricken, F. (1999). Hans Jonas. Das Prinzip Verantwortung. Unveröffentlichtes Manuskript eines Vortrages für Philosophie- und Ethiklehrer an der Hochschule für Philosophie in München, 9.12.1999

Schäfer, L. (1998). Natur. In: Korff, W./Beck, L./Mikat, P. (Hrsg.), *Lexikon der Bioethik*, Gütersloh: Gütersloher Verlagshaus

Schelling, F.W.J. (1964). Über das Wesen der menschlichen Freiheit. Stuttgart: Reclam

Schneider, M. (1995). Die Folgen des Erfolgs. In: Schneider, M./Geißler, K.H./Held, M. (Hrsg.), *Politische Ökologie 13*, S. 3, 6 - 14. München: Ökom

Schütze, Ch. (1990). Das Grundgesetz vom Niedergang. In: *Gewerkschaftliche Monatshefte 1/90*, S. 18 - 26. Frankfurt: Bund

SEF (Stiftung Entwicklung und Frieden, 1995). Globale Trends 1996. Fakten, Analysen, Prognosen, hg. v. I. Hauchler u.a., Frankfurt/M.: Fischer

SEF (Stiftung Entwicklung und Frieden, 1997): Globale Trends 1998. Fakten, Analysen, Prognosen, hg. v. I. Hauchler u.a., Frankfurt/M.: Fischer

SEF (Stiftung Entwicklung und Frieden, 1999): Globale Trends 2000. Fakten, Analysen, Prognosen, hg. v. I. Hauchler u.a., Frankfurt/M.: Fischer

Siep, L. (1999). Naturbegriff und moderne Ethik. Unveröffentlichtes Manuskript eines Vortrages an der Hochschule für Philosophie in München, 6.12.99

Spaemann, R. (1980). Technische Eingriffe in die Natur als Problem der politischen Ethik. In: Birnbacher, D. (Hrsg.), *Ökologie und Ethik*, S. 180 - 206. Stuttgart: Reclam

Speck, J. (1980). Erklärung. In: Speck, J. (Hrsg.), *Handbuch wissenschaftstheoretischer Begriffe*, S. 175 - 190. Göttingen: Vandenhoeck und Ruprecht

Weber, M. ([8]1991). Die protestantische Ethik. Hamburg: Siebenstern

Weizsäcker, E. U. von ([5]1997). Erdpolitik. Ökologische Realpolitik als Antwort auf die Globalisierung. Darmstadt: Primus